おしゃべりと嘘

「かたり」をめぐる文化論

higuchi keiko
樋口桂子

おしゃべりと噓　目次

おしゃべりと嘘　「かたり」をめぐる文化論

まえがき

ある夏、南仏の友人画家宅に滞在していたときのことである。画家の家には一組のカップルが所用で来ていた。夕方になり打合せが終わったようで、画家夫婦とそのカップル、居候の私の五人で遅めの夕食を取ることにした。昼間はくらくらするほど暑いプロヴァンスも、陽が落ちるとすっかり涼しくなる。私たちは満天の星空の下で、田舎の人たちがよくやるように、庭先のテラスにテーブルを据えて食事をした。

来訪していたのはアメリカ人とフランス人のカップルだった。年若い男性の方は、ベトナムの大学で哲学の講師をしていて、ときどきフランスの自宅に帰ってくる。この青年は弁が立つ。ひとしきり熱っぽい哲学論議をして一同をうならせると、私に向って、ぼくは来月の九月に東京で開かれる国際哲学会で発表をするので、是非聞きにきてくださいと熱心に言った。詳しいことはメールで教えます、この日です、この時間です、ここの大学です、ぜひぜひ聞きに来てください、と声をはずませ、次は東京の会場でお会いましょう、と情熱的な目をさらに輝かせて何度も興奮気味に言った。

私は夏休みを終えると日本に戻り、彼のメールを待った。しかし待てど暮らせど、何の音沙汰もなかった。こちらから打診しても返事はなかった。満点の星空の下で熱く哲学を語りながら、「ぜひ聞きに来てください」と言った顔が眼に浮かんだ。

一年後、私はまたこの哲学青年に会った。彼は東京での国際学会のことなど一切口にせず、何事もなかったかのように快活に爽やかに挨拶をしてきた。何とも訳のわからない気持ちになった。青年に嘘をつかれたとは思わないけれども、どうにもよく分からない、キツネにつままれたようなぽかんとした感じがあった。

しかし南仏ではこういうことはそれほど稀なことではない。「近いうちに日本に行くから、日本で会いましょう」のフレーズはよく聞いた。友人が東京に行くから世話をしてくれという話もあった。自分の息子が柔道留学で来月から日本に行くので、是非会ってほしいという人もいた。来週の週末、我が家の夕食に来てくださいなどと言われることは頻繁だった。ただしそういう場合でも、たいていは日時をしっかり決めるというわけではないので、まあ社交辞令だろうと思って聞いていると、やはりその通りで、たいがい連絡はなかった。それでも彼らとまたどこかで顔を合わせると、誰もみな、本当にカラッとすがすがしい顔で、相変わらず大仰な身振りをしながら、また会えてなんてうれしいことなんだ、と話しかけてきた。まあ、そんなものである。

しかしあの哲学青年の約束の場合は、日時の正確さがあったのと、その熱っぽさがいつもの社交術とはちょっと違うと感じて、このことはそれからも心のどこかにひっかかっていた。あれは嘘というわけではなかったのだろう。哲学青年のあの言葉を嘘というのは、どうもなじまない。


嘘には詐欺まがいの大嘘、冗談の小嘘、礼儀や社交辞令の嘘、人を慰める嘘、などなど種類が多いけれども、嘘の定義や範囲は言語や地域や文化によって、許容度にかなりの幅がある。

本当に人をだまそうと思ってつく、「人を欺く、〈騙《かた》る〉」という場合は別としても、しかしどうも「しゃべる」という場が、嘘をつくとまでは言わないまでも、人にどこか誇張したことを言わせてしまう何かがあるように見える。嘘は「しゃべること」という、話し相手がいるときに顔をだす。

しかも嘘は、「嘘をつく」、「嘘をたれる」というように、「つい」たり「たれ」たりという、いささか上品でない、外に出す言い方をすることが多い。ほかにも「こく」「ひる」などなど、身体から排出すること、排泄する言葉をともなうことが多い。嘘をあばこうとすると、「本当のこと〈吐《は》け〉！」ということになる。もともと嘘は、「息を吐い」たり、「口を開いて笑うこと」が本来の意味であったとされる。子供は排泄語を口にすることを好むけれども、彼らが嘘に大喜びになるのも、「つく」「こく」ことと関係があるからなのだろう。

柳田国男は、日本人は笑うことが好きでよく笑うと言った。確かに私たちは言葉の遊びが好きで、冗談や人を笑わす諧謔が多い。昔から日本人は「笑ってよい嘘」と「憎むべき嘘」を区別していたようで、柳田によると、相手をだましてやろうという目的がない嘘は「底のたくらみがない」笑ってよい嘘であるとして、大いに使われていたという。確かに人をだますためというより、誇張した話か冗談の類を嘘とする感覚が日本語にはある。だからなのか、合いの手に気楽に「ウッソー」や、「え、うそ!」を使う。ホラ吹きも嘘であるけれど、はじめからわかっているホラは、「またか」と周りの苦笑で終わることが多い。

しかし英語の嘘、つまり「ライ」lie となると、私たちの嘘とはかなり様子が違う。「ユーアー　ライアー」などと言われようものなら、取っ組み合いのけんかになりかねない。lie が「人を騙そうとして、本当でないことを言う」意図をもったものであるとすると、いよいよそこには日本語の嘘と言葉のズレが見えてくる。

西洋人の嘘の考えの根底には、だまそうという「意図」、「意志」があるか否かがかかわっている。そのため、だまそうという意志がないのであれば何を言おうと嘘ではない、ということにもなる(プラトン『小ヒッピアス』)。もっともギリシア語の嘘、プセウドス(pseudos)は、嘘だけでなく、虚偽、誤解、誤謬、詐欺さらには詩的な創造を意味することがあった。嘘は幅が広い。このややこしい嘘を論じることは、実に難しい。たちまち韜晦《とうかい》の海で難破しかねない。

そこで本書では、人としゃべることの中で出て来る嘘に的を絞って考えてゆくことにしたい。「おしゃべり」の仕方には、嘘をつくり出す仕組みがあって、嘘の違いが日本人の嘘と、他の国の人の言う嘘の違いをつくりだすとともに、その違いのありかも教えてくれるように思われるからである。とりわけ嘘は「つく」だけでなく、どこか、いつの間にか「ついてしまっている」とか、「つかされる」、という不思議なところがある。自分が自分につく嘘は別として、「つかされる」嘘は、相手と会話を交わす「おしゃべり」の中で顔を出してくることが多い。とすれば、おしゃべりという形に的を絞ることで、嘘を見てゆけるのではないか、と考えるわけである。

本書で問題の焦点とするのは、対話の中でいつの間にかついてしまった、あるいはつかされてしまった嘘である。いやいや、そういうものは嘘ではない、嘘は意図的に人をだまそうと思ってつくものだ、嘘には綿密な計画があって、悪意があるからつくのだ、嘘は徹底的に悪だ、と反論されるかもしれない。たしかにそういう嘘は多い。けれども害がなく、なんとなくやり過ごしてしまっている嘘や、ついたと思わないうちにいつの間にかついてしまっている嘘がある。本人は嘘とは思っていないけれども、周りに嘘と思われる結果となり、甚大な被害を受けたという場合がある。冗談としてのオーバーな言い方は、はじめから嘘と分かってついている嘘であるけれども、人を笑わせるための嘘のサインが伝わらずに、妙にぎくしゃくしてしまった、ということもそこそこ多い。もっとも、本当らしいのに実際は嘘だった、それも大きな悲惨な結果を生む大嘘だった、ということもある。

　こうした嘘のかなりのものが、人としゃべっているときに出てくる。嘘はまったくのゼロから出来上がるものではなくて、何かほんの少しの本当のこと、真実のかけらがあって、それが人とのおしゃべりの中で変化して嘘になってゆくところがある。ほんの少しの本当のことが、しゃべっているうちにどこかで大きく膨むきっかけを潜ませているようにもみえる。嘘としゃべることとは切り離せない。オレオレ詐欺にしても、どこかに本当と思わせるかけらをちらつかせて、そこを詐欺師は巧みに利用する。

　そうするとおしゃべりの場が広ければ広いほど、あるいはおしゃべりに飢えていればいるほど、嘘の発生率は高い、ということになる。そうだとすれば、まずは「おしゃべり」をよく見てみて、その上で嘘を考えるのがよい、ということになる。そしておしゃべりを考えるのであれば、何より、生きた、具体的な、現実にある例を見るのがよい。具体的であればあるほど、案外、普遍的なものに近い。

　ただし問題にするおしゃべりの場所を、あまり近くに設定すると、生々しすぎる。近すぎるものは実態がよく見えない。そこであえて距離的に遠く、かつ、おしゃべり大好き人間の集結する南フランスを、この考察のための地として選ぶことにした。かけ離れた土地という事情は、得てして自分たちのことを暴いて見せてくれる。

私はあるきっかけで南仏と縁ができた。もちろんその縁たるや、そこに住み続けている人とはおよそ比べ物にならないほど小さなものだけれども、その小さな縁のおかげで、日本人のおしゃべりのスタイルと、南仏の人々のおしゃべりの進め方との違いに気がついた。

本書のタイトルは『おしゃべりと嘘』であるけれども、これは内容のほかに、「おしゃべり」の具体的なかたちと、「嘘」についての考察という、ふたつの要素をつなげて二重構成にする、という意味合いを含ませている。本書の前半と後半では話のトーンが少し違っていると思われるかもしれない。もし、「プロローグ」のところはおしゃべりの度が過ぎる、それよりさっさと嘘論に行きたいということであれば、最初のあたりは飛ばして、I章あたりから読み始めていただいて構わない。けれども冒頭の、多少私的な視点からのぞいた南仏人の具体的なおしゃべりの実態を、野超え山超えしながら読んでいただけるなら、後半になって、なるほどあそこはこういうことだったのか、と感じていただける度合いは、かなり高くなるのではないかと思う。冒頭あたりのおしゃべりは、嘘とおしゃべりとの関係を明らかにするための下準備として設えた。後半になってそれらのエピソードが縒《よ》り合いながら顔を出して、どこかで日本人の心のあり方を透かし見るように思っていただけるのであれば、書き手としては非常に嬉しいし、実はそれを心秘かに期待している。

けだし、小著の意図のひとつは、しゃべることの好きな南フランスの人たちの日常から見えてくる嘘を、私たちの場合と照らし合わせることによって、日本人の意識にある古層のひとかけらを取り出してゆくことにあるからである。

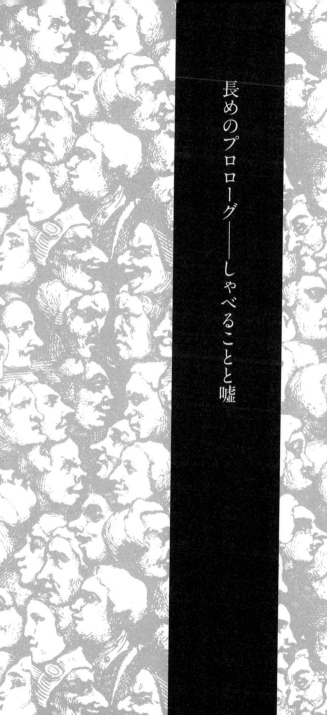

長めのプロローグ——しゃべることと嘘

はずみの嘘・メセナの嘘

ヨーロッパにユーロが導入される少し前、私は数か月間、南フランスに住むことになった。場所はニース旧市街の古いアパートの最上階である。アパートというけれども、フランス語の響きのもつ、なにか優雅な「アパルトマン」という語からはほど遠い、昭和の「何とか荘」のようなところだった。ここに住むことになったのは、勤務先のありがたい制度のおかげと、その他いろいろな偶然が重なったからである。

ニースに住む一年前の春、私はドイツのドレスデンに旅行した。その帰路、フランクフルトで成田行の便に乗り換えると、となりの席にはすでに、日本に向かうという画家夫婦が座っていた。彼らはニースから来たそうで、やはりフランクフルト乗り換えで成田に向かうということだった。初老の画家はフランス人でアンリと言った。奥さんのレイラはブラジル人だった。奥さんはもともとリオデジャネイロで精神科医をしていたが、結婚してフランスに渡ったのだという。
フライト時間が長い国際線の場合、旅行者は座席につくと、隣の席の人と適当に挨拶の言葉を交わす。ニースからのふたりはどちらも人あたりがよく、二言三言話をすると、おたがいに画家と美学の教師ということで、芸術に関連がある者同士、話がはずんだ。

しかし飛行機の中で隣り合った人間が親しくなるのは、たいていは飛行機の中だけのことである。もて余す時間を適当な話題で潰しあうと、空港に着いた段階で、「ではお元気で」と、右と左にさようならとなる。後日連絡をしあうことがあったとしても、一回か二回、手紙かメールの交換があるぐらいで、付き合いは自然消滅になる、というのが普通である。とくに最近では隣席の人とあれこれと話を交わすということは、少なくなったようにみえる。挨拶も蚊の羽音ほどのことが多い。私がそうした通例を超えて彼らと機内で「こんにちは」を言った数か月後にはニースに旅行し、翌年の九月からは、なんと彼らのすぐ隣に住むことになったのには、それなりの経緯がある。

アンリとレイラが日本に向かうのは、五週間にわたって東京で開催される自分たちの個展のためだった。宿泊先は「日本芸術家協会」とか何とかいう施設だと言って、アンリはちらりとメモを見せてくれた。そこは、民間の芸術擁護家《メセナ》が、お金のない現代芸術家に無料で提供するために建てたところだという。しかし私は成田で、「では後日、個展の会場でお目にかかりましょう」と言って別れた後も、彼らのことがなんとなく気になっていた。そして空港のホールでうろうろしている夫婦に再び出会うと、「では都心までご一緒しましょう」ということになった。

最寄りの駅に電車が着くと、今度こそそこで帰るつもりだった。とはいえ私は相変わらず彼らの泊り先が気がかりだった。アンリのもっているメモはちょっと見た目にも、どうにもうさん臭く見えたからである。「芸術家協会」への行き方という手描きの地図は、まるで要領を得ないものだった。

日本の住所の仕組みは、日本人にとっても複雑怪奇、魑魅魍魎《ちみもうりょう》の感がある。六番地のすぐとなりが二八番地になっていたり、ごく狭い小路を隔てて町名が違っていたりする。通り名に番号を振って住居表示をするのが当たり前の外国人には、いよいよもって解読不能である。結局私は、メモにある走り書きの地図をたよりに、「芸術家協会」までの道のりを同行することになった。

「芸術家協会」の最寄りの駅に着いたときには、すでにあたりは薄暗くなっていた。個展のための用具を満載したスーツケースを四つも抱えた彼らと、住所に書いてあるところを、坂の多い、曲がりくねって続く迷路をあちこち探して歩くのだが、目当ての住所には行けども探せども到達しなかった。当時はスマホもグーグルマップなどという便利なものもなかった。

アンリのもつメモを片手に、坂を上ったり下ったりしたあげく、わたしたちはついに目的の場所らしきところを探り当てた。しかしその住所には、「芸術家協会」の看板も名札も、いっさいなかった。

アンリによれば、そこは富豪のアメリカ人が私財を投げ出してつくった、芸術家のための宿泊施設だという。しかしそのメセナ氏の名前というのが、まず怪しかった。彼の名前は、ステッキをもった紳士が歩くラベルの、かのイギリスのウィスキーと全く同じだった。アンリはフランスから出発する前日に、日本にいるというこのミスター・ウィスキーと国際電話で話をしたし、鍵はすでに送ってもらって、手元にあるという。電話では、建物の入り口には看板があるからすぐわかると言われたらしいが、それらしきものなど、いくら目を凝らしてもない。立派な門構えのお屋敷は目の前にあり、住所だけはそこのようだが、いかにも長期不在という風情で、灯りひとつもれていなかった。チャイムを押しても反応はなく、ひたすら森閑としていた。三月はじめの東京の夜は寒く、しばらく屋外に立っていると手足が凍えた。

無駄とは思いながらアンリのもっていた鍵を入れると、なんと門扉が開いた。ところが家の中に入って見ると、中は真っ暗で電気も通っていない様子だった。暗闇の中で一生懸命見ていると、だんだんと目が慣れてきて、そこが物置か倉庫のようなところだとわかった。しかしとても宿泊できるような施設ではない。夜になった住宅地の一角で、アンリは東京にいるというこのメセナ氏に、当時のアンテナ式のケータイで電話をかけたが、何度かけなおしても全く通じなかった。

後でわかったことだったが、この人が設立したという「芸術家協会」というものなど、もともとなかったのだ。アンリたちは実害がないところでそこを去って、むしろ幸いだった、というべきだったのかもしれない。そもそも某有名ウィスキーと同じという彼の名前からしておかしなものだし、ふざけていた。出発前、フランスから国際電話で親しく交わしたという会話を想像してみると、不気味でもあった。

結局、アンリとその妻レイラは、日本滞在の五週間近くを、個展の会場に近いビジネスホテルを探して、そこで寝泊まりをすることになった。そして、芸術家協会の件以来、私はこの画家夫妻と親しくなった。

彼らの展覧会自体はかなり成功したように見える。当時の日本はまだバブルのかすかな名残の中にあった。そのころアンリの作品は、東京のちょっとしたレストランや一流ホテルのラウンジに飾られるほど人気があった。私は時間があると彼らの個展会場の画廊に赴き、行くたびに話をし、数か月後には彼らのニースのアトリエを訪れ、さらにその半年後には、彼らが管理を頼まれているという小さなアパートに住むことになるのだった。

アンリとレイラが往生させられたメセナ氏の言うことはまあ、嘘だったのだろう。もしかしたらその「協会」に貧乏芸術家が泊まったことがあったのかもしれない。アンリは実際にそのメセナ氏とフランスで二、三度会っているとも言った。ウィスキー氏は陽気でノリのよい人のようだ。だからその嘘は少しの本当の部分が雪だるま式に、あることないことをくっつけて膨らんでいったものだったのかもしれない。

嘘には小さな嘘も中ぐらいの嘘も大嘘もある。笑いの冗談も、人を操る騙《かた》りも、犯罪につながるような詐欺の嘘もある。話上手のしゃべることには大げさな部分があるし、そういうことは嘘とは言わず、話を面白くするための誇張、あるいは冗談ということになる。けれども「芸術家協会に五週間お泊り下さい」となると、ちょっと首をかしげたくなる。嘘はたいがい、ほんの少しの真実を紛れ込ませている。うさん臭さは、紛れ込んだ真実が核となってつくり出される。しかし私はこのウィスキー氏のうさん臭い嘘のおかげで、南仏とつながりをもつことになった。

南仏で生活していると、フランス人であれ外国人であれ、住人たちの話が実に巧みだと実感する。彼らのおしゃべりの中には小嘘もそこそこ多い。それは、人をだまそうとか陥れようとしているわけではないけれども、どうもわれわれとは感覚が違う。

日本人は嘘をつかないかというと決してそういうわけではない。しかし嘘のつき方と嘘に対する対処の仕方が、どうもどこか違うのである。オーバーなことを言いながらこれは冗談だよ、とするサインの出し方も違う。

　ニースには世界中から観光客がやってくる。それに乗じて本物の嘘つきの詐欺師グループや窃盗団が集結してくる。ニースで聞くちょっとした詐欺被害や、スリ、ひったくり、盗難の数は、日本人の感覚からすると桁違いに多い。ニースに住む知り合いの日本人は十七回、スリとひったくりに遭った。それからもスリやひったくりに遭ったが、十八目回からはもう数えるのをやめたという。実は私も被害者の一人で、親切な警察官にお世話になったことがある。ちゃきちゃきのニースっ子《ニソワ》も、スリや窃盗、空き巣に遭うことは日常茶飯事のようで、この話が出るとおしゃべりは延々と続いてゆく。被害報告をしあうとなると、被害の大きい方がエライ、とでもいうように、口角泡を飛ばしてしゃべりまくる。ともかく、ニースの人たちはおしゃべり好きであるから、盗難被害の話には大輪の花が咲くのだが、どうもそれらの話の中には適当な嘘もホラも紛れ込んでいる。

　日本人は笑うことが好きだけれども、それは冗談やギャグに対して笑うわけであって、日本人と南仏人とで嘘のスケールや嘘に対する鷹揚さ、あるいは嘘をつかれたときの感覚にはかなりの違いがある。そこには嘘を言うことに対する倫理観の差異とともに、しゃべることに対する意気込みの差があるように感じられる。

ここまで「おしゃべり（おしゃべりをする）」という言葉と「しゃべり（しゃべる）」という言葉を使っているけれども、「お」をつけるかつけないかで違いをつけているつもりである。口から言葉を出すことを表す語としては、「語る」、「話す」、「しゃべる」などがある。坂部恵は「語る」について詳細な論議をしている。[*] けれども、「しゃべる」は「おしゃべりをする」とも違う。さらには、「しゃべる」、「おしゃべりをする」と、「語る」、「話す」との間にも、それぞれ違いがある。実際に私たちは日本語を使うとき、これらを語感の違いで使い分けている。

「おしゃべりをする」には、単なる舌のそよぎというような部分がある。人との潤滑油として私たちはおしゃべりをする。この場合、言葉をやりとりをしているけれど、何か特別なテーマを「話して」いるわけではない。「しゃべる」ことは「話す」とか「語り合う」こととは微妙に違う。仕事でするのは「話」で、飲み屋でのぺちゃくちゃは、「ダベり」（駄弁り）である。「ダベる」は、話の内容よりも、交流のための潤滑油としての方の意味が大きい。仲間同士がする、たわいもない「おしゃべり」は、水がちょろちょろと流れるように取り止めのなく続くものであろう。だからなんとなくダベっているときに、「君、実は話があるのだけど」とか、

＊「語る」については、坂部恵『かたり』（ちくま学芸文庫）を参照。

「話がしたいのだけれど」と切り出されると、とたんに身構える。「話す」「話をする」「話をしたい」は、「ダベる」や「おしゃべりをする」とは違う。

反対に、たわいもない無防備な「おしゃべり」がいつしか内容のある「話」になってゆき、そこからいつの間にか耳に手をかざされて、「奥さん、実は上手い話があるんですよ」となり、そのまま詐欺に導かれていくということは、しばしばある。振り込め詐欺は日本だけのものではなく、今や世界中に蔓延していて、軽々に発言するべきではないけれども、それでも詐欺被害に遭う経緯には、作法の東西の違いを超えた共通項がある。

「おしゃべりをする」は、そこに、実際に口を動かしている人がいることを告げている。つまり、「おしゃべり」という具合に「お」をつけるときには、そこに現実に、口を動かしている人がいることを暗に告知している。「お」や「ご」は敬意を表す接頭語で、美化語をつくるものであるけれども、それらは、ただ言葉を丁寧にするということを意味するだけではない。「お」や「ご」を用いるのは対面の実践的な場面である。したがって、これらの語が出てくるだけで、私たちはそこが、現実にある場で、そこに具体的な状況に話す人と聞く人がいて、あれこれと話を交わしている、という場面を想像する。「お」は実際に対面している人に対して発する、社交の場面のことばである。相手がいて、「お」が出てくるわけである。つまり「しゃべる」とか「語る」という語が一般化された言い方であるのに対して、「おしゃべりをする」

という、より口語的な言い方は、私たちに、そこにだれかがいるという、なんらかの具体的な場面を思い浮かべる設定をするものなのである。

おしゃべりが盛んな南仏に、日本語の「おしゃべり」と「しゃべり」という接頭語による違いはないけれども、後で見て行くようにそれに相当するフランス語はある。フランス語の「おしゃべり」という実態を見るのには、南仏での具体的な日々の様子を見るのが一番の近道である。そして実際に南仏にはおしゃべりがひしめいている。

個人主義と自己主張

私が借りることになったニースの狭い屋根裏部屋は、もともとカナダ人の女性画家が買ったものだった。資産家の彼女はフランスにすでに別にアパートをもっていて、ニースのこのアパートはアトリエと物置代わりに使うつもりだったようだ。

ところがここを買った時点で、彼女はほとんど詐欺まがいの事件に遭った。本当の大嘘をつかれたのである。フランスでは法律によって、不動産の売買には公証人（ノテール）が仲介して、重要な公的文書をつくらなければならない。フランスの「ノテール」は、日本の「不動産公証人」をはるかに越えた大きな権限をもっている。ノテールは、売買も税金も不動産管理の手続きも、すべて取り仕切る。ノテールになるための資格試験は非常に難しい。ノテールは社会的地位が高く、誰もが一目置くような正義の人でなければならない。ところがアパートを買ったカナダ人女性画家は、公明正大であるべき公証人のノテールにアパートを二重売りされた。つまり代金は払ったのに、買ったアパートは、法的に彼女の手に入らなかったのである。

彼女はすぐさま弁護士を雇って訴訟を起こし、ノテールと争うことにした。裁判はどこでも相当の年月とお金がかかるものである。結局、すったもんだを繰り返して彼女は裁判には勝訴したが、その先十年間、アパートの売却は不可という条件つきだった。

この騒動にすっかり嫌気が差した彼女は、十年が経ったその瞬間、アパートを売り払うことにした。彼女は近所に住んでいた画家仲間のアンリ夫妻に部屋の管理を託し、不動産代理店に売却を頼むと、二度とニースの土を踏まなかった。裁判費用を少しだけ上乗せして売却値段を決めたので、アパートはすぐ売れないと考えた彼女は、売れるまでの間、このアパートを借りたいという人がいれば安い賃料で貸すことにした。こうして私は偶然にもこのアパートに住むことになったのである。当時は、売却が決まっても二か月間はそのままにしておく、というような決まりがあったので、数か月間滞在という私にはうってつけだった。

五階建てのこの古アパートの部屋数は全部合わせて二十室を少し超える程度の規模で、圧倒的にワンルームの部屋が多かった。エレベーターはあることはあったが、よく故障した。故障すると、数日間とか、ひどいときには二、三週間動かないことがあった。そうなると真っ暗な階段を使うのだが、狭い階段の段差と幅は気まぐれで、無意識に足を出していくと必ず脚を踏み外して痛い目に遭うことになる。

私の部屋は階段同様、見事におんぼろだったけれども、住めば都だった。窓の下には、旧市街独特の入り組んだ石畳の狭い路地と、土産物屋とレストランの軒が並んでいた。どの店も南仏独特の模様と色の布庇《シェード》を道路に張り出していた。目を横にすれば、レモンイエローやサーモンピンクに塗り分けられた壁が眼に飛び込んでくる。旧市街の住人たちはイタリア風に窓から洗濯物を吊るすので、狭い路地の上の方で、海風にたなびくシーツが見えた。その間には南仏の高くて青い空があった。

旧市街には教会が多かった。カテドラルは十五分おきに鐘を響かせ、正午になると鐘はさらに長く高らかに響きわたった。鐘の鳴る前には、必ず、ドッカンという近所の市役所の大砲の合図があった。

最初にニースを訪問したとき私は、ここは天国のようなところだと思った。どこまでも広がる青い空と海はひとつに繋がりながら、丸みのある水平線で上下を分ける。夕方には、太陽が海全体に黄金色のうろこ模様をつくり、彼がそれをひらひらと揺らせる。陽が落ちるとそこにはオレンジ色の街燈が映る。ニースは山に囲まれているので、街燈のオレンジ色は山の中腹に縦に広がり、そのまま満天の星空へと続いていく。人々は目が合うと、知らない人でも挨拶の笑顔を見せてきて、実に愛想がよい。

しかしニースはただ朗らかで楽しい人たちが住んでいる楽園、というわけではないことが次第にわかってきた。フランス人は徹底した個人主義者が多い。同じアパートの住人は顔を合わせると挨拶はするが、あまり話をしない。隣人であるからこそ、挨拶以上の接触を避けるということなのかもしれない。人づき合いは少し距離のある者同士がするものなのだろう。


嘘ではない、ホラでもない――アルプスの別荘

ところが私の部屋にはアパートの住人がよく訪ねてきた。最初のころ私は、日本の長屋のようなアパートでは、これが普通のことだと思っていた。すぐ右隣のマルセイユの出だという老婦人は、つくりすぎたと言っては、郷土料理の鍋を片手にドアをノックしてきた。遠くから来た東洋人に興味をもったのかもしれないし、脚の悪い彼女は退屈で仕方がなかったのかもしれない。反対側のお隣さんは派手で元気な初老の女性で、お茶を飲もうとしばしば部屋に誘ってくれた。ほかにも自分の部屋にお茶に招待してくれる人が少なくなかった。もっともこうしたお誘いは、よく分からない国から来た新しい住人がどういう人物なのか、それとなく見極めたかったからなのだと思う。

なかでも頻繁にお昼を誘ってくれたのが、三階の住人でイタリア人のドメニコだった。ドメ

ニコは正午の合図である大砲の「ドッカン」があってしばらくすると、コンコンとドアをノックして、「お昼、食べに来ないか」と部屋に呼んでくれた。たいていは彼の友人たちが招待されていて、すでに部屋で待っていた。メニューはイタリア式のパスタが中心だった。ドメニコ手づくりのお昼を食べながら、彼の友人たちと話をした。ヴィットリオという、八十歳をかなり過ぎたイタリア人男性と、その〈彼女〉(だとドメニコが主張する)ニコルというごく若いOLの女性が招かれていることが多かった。

その中でしばしば、ドメニコの「別荘」の話が出た。ドメニコは年金生活者で、豊かな貯えなどないはずである。ところがその彼が、ニースからほど近い、風光明媚なアルプスの絶景地に「別荘」を持っているというのである。

ドメニコは歳のころ六三、四歳で、イタリア人にしては目がしょぼしょぼと小さい、さみしくなった髪の毛を入念に梳かした、どちらかといえば背の低い男性だった。年金暮らしだから生活ぶりはつつましやかだった。しかしお金はなくてもいかにもイタリア人らしく、どこかおしゃれで、ハンカチを折ってスーツの胸ポケットからちらりとのぞかせていた。女性をエスコートするときは伊達に振る舞った。甲高い声で話し、動作にはどこかちょこちょこ感があった。一攫千金を狙っては、宝くじを買っていた。たいていは外れるのだが、それでも懲りずに今度こそはと数字を考え、ボールペンの背でくじをこすり、そして外れて、外れ券を後ろざまにポイとゴミ箱に捨てていた。

そのドメニコが、アルプスの山肌に別荘を持っているというのである。ドメニコはローマ郊外の出だが、もう三十年以上、ニースに住んでいた。結婚して娘をもうけ、そして離婚し、このアパートに入ったときは独り身だったようだ。

彼らと昼ご飯を食べていたとき、ドメニコは私に、「サンマルタン・ヴェジュビーのぼくの別荘に来ないか。仔羊《アニョー》を焼いてバーベキューをして食べよう。別荘の庭ではブドウをつくっているから、それを食べよう。今の時期なら栗拾いもできる。来客用の部屋もベッドもありますよ」と誘ってきたのである。つまり、お誘いはどうも泊りで、しかも私だけということのようなので、こりゃ大変、どうしたものかと思った。トシはとっても、相手はイタリアの男である。

思案の末、頼りにしているアンリとレイラに相談してみた。ところが彼らは即座に、「そりゃいいじゃないか、行っておいでよ。ドメニコはあなたが心配しているようなことなどしない人だから、是非行ってみたらいい。秋のサンマルタン・ヴェジュビーは最高だよ」と、まるでくったくのない言葉を返してきた。

サンマルタン・ヴェジュビーは、フランスではかなり有名な避暑地で、夏ともなれば人で溢れかえる。美しい歴史的な教会もある。アルプスの中腹に位置するこの美しい町は、しばしば映画のロケ地ともなっている。私は迷いに迷ったが、ドメニコのアルプスの別荘に行くことにした。

お誘いがあったときは、秋の始まりだった。私たちはバスで出かけた。都合のいいことに、そのころニースのバスのターミナル・センターは、アパートの真ん前にあった。そのターミナルからは、鷹の巣村で有名なエッズやサンポール・ド・ヴァンスや、香水の街グラース、少し離れたエクス・アン・プロヴァンスといった南仏の有名観光地やマルセイユ行のバスも出ていた。国内行だけでなく、ポルトガルやスペインまでの国際長距離バスの路線も延びていた。

サンマルタン・ヴェジュビーへ向かう国道は楽しい。海辺のニースの市街地を抜けると、バスはすぐさまアルプスの山の中へと入り込んで行く。道は急な坂で、たちまち岩だらけの国道になる。そそり立つ灰色の石灰岩の絶壁に囲まれた坂道を、バスの運転手は慣れた手つきでハンドルを切っていく。

こうした山道では、山の中腹以上になると、どこでも手を挙げさえすれば、バスは止まって乗せてくれたり、降りるときには運転手に、そこでお願いしますと言えば、降ろしてくれる仕組みになっている。終点の手前でわたしたちはバスを降りた。

ドメニコはとことこと、バスの通った国道の脇道を谷側に下りていった。細い道を少し行ったところに、ネコの額ほどの畑があり、その横に小屋があった。いかにも農作業用という体《てい》だったが、ドメニコはシジミのような小さな目をさらにくしゃくしゃにして微笑むと、得意げに背を反らせて、「ここだよ、ぼくの別荘にようこそ」と言った。

　小屋の外壁はレンガを積んで、その上に自分でしっくいを塗ったようである。屋根には南仏色の赤い瓦が載せてあった。深い谷すれすれのところに木板でつくったベランダ状の床が張り出されていて、テーブルと椅子を並べてバーベキューができるようになっていた。屋根にはブドウ棚がありツルを伸ばしたブドウが房を付けて、今や食べごろというふうにぶら下がっていた。小屋の出入り口はいちいちギコギコと音を出すドアなのだが、どうもニースにある高級住宅地区の廃品置き場で拾ってきたに違いないと思われる、そこだけ妙に立派なものだった。ドアを開けると、居間のようになっていた。床には防寒のためであろう、やはりあちこちから集めてきたことが分かる、ありとあらゆる色の、大きさも形も様々な古いカーペットが幾重にも敷き詰められていた。アルプスの山中は夏であっても、夜ともなるとひんやりと冷える。床は相当の断熱が必要なのである。

　部屋には電気が通っていて、電灯がともり、電気ストーブもあり、冷蔵庫もラジオもあった。しかしこの狭い空間の、一体どこに来客用の寝室があるのだろうと私はいぶかった。部屋には少しだけ仕切りらしき壁のような部分と空間があるだけである。するとドメニコは小さなくぼみを指して、「僕はここで寝るから、あなたはあそこでどうぞ」とソファベッドを指して言った。構造上、そういう壁面の支えがないと小屋がつぶれてしまうからつくったというような、やけに太い柱があり、その後ろにくぼみがある。だから小屋全体は、本当は一室で、来客用の別の部屋があるわけではなかった。

ドメニコはこの小屋を、暇を見つけてはせっせとニースから通って、ひとりで建てたのだと言った。畑も自分で耕してつくった。精魂かけて育てたという、温かみのある、しかしどことなく哀愁の漂う畑だった。

私たちは、まずはぶどう棚のあるベランダ部分で到着のカンパイをした。彼はあちらのブドウ、こちらのブドウと、ひょいひょいと手を伸ばして五、六粒採っては私に差し出し、「これはアメリカーナ、こちらはピノ・ノワール、あれはカベルネさ」と、さも自慢げにブドウの種類を説明しながら、しゃべりつづけた。

しかし私はさっきから小用を感じていた。畑を見たときも、ベランダを見たときも部屋の中に入ったときも、それとなくトイレを目で探していたのだったが、それらしきものは見当たらなかった。そこでドメニコに恐る恐る聞くと、「ああ、そこそこ」と、畑のそばの水道の蛇口があるコーナーを指さした。地面に少しだけ掘った穴があり、その周りにビニールのカーテンらしきものがひっかかっていた。

つまり、トイレというものが彼の「別荘」にはなかったのである。理由は簡単。フランスでは、いくら大邸宅を建てたとしても、トイレが無い場合は「住居」とは扱われないのだ。ドメニコはこの「別荘」を、農作業用の「作業小屋」として申請していた。もしその小屋にトイレをつくると、それは「住居」とみなされ、税金はがぜん高くなる。ドメニコ自身は「自然が一番」と言いながら、ビニールのカーテンを引くと、さっさと小用を足していた。

しかし私は、ドメニコ特製トイレでの用足しはどうやってもうまくいかなかった。こうしてドメニコに頼んで、バスの終点にあるサンマルタンの街のカフェまでトイレを求めて歩くことになった。

トイレをつくらない限り、「家」とは認められない。だから税金は断然安くなる。彼は役所に何度も掛け合ったあげく、トイレ無しの税金格安のホームメイドの別荘が、アルプスの谷合に出現したのだった。

かけひきのための嘘

このドメニコの「別荘」行きの後も、私は何回かサンマルタン・ヴェジュビーに行った。バスをうまく使えば、ニースから日帰りでアルプスの絶景を味わって帰ることができる。

三度目にバスターミナルに行ったとき、バスに乗って来る人の中にジプシー風の女性とその子供とおぼしき三人の幼児を見た。バスの起点のニースのターミナルでは、中・遠距離バスは最初に行先を告げて運転手にお金を払うシステムだった。私は終点までのお金を払って席についた。

後ろからそのジプシー家族が乗り込んできた。母親らしき女性は運転手に、「あなたはとても親切なお方だとお見受けしました」と切り出すと、次に、「私はお金がありません。でもヴァカンスには行きたいのです。私自身のためではありません。この子たちのためです。哀れなこの子供たちをサンマルタン・ヴェジュビーに連れていってあげたいのです。慈悲深い運転手さん、どうか私たち四人をただで乗せてもらえませんか。お願いします」と哀願してきた。バスの運転手は、「奥さん、それはできませんよ。どうぞお金を払ってください」と言う。母親は全く臆することなく胸を張って堂々と食い下がる。「でも運転手さん、バスの席はまだ空きがあるではありませんか。私たちが払わなくても、あなたは何のご負担もかからないでしょう。ほんの少し眼をつぶっていただくだけで、あなたには神様のご加護がありますよ。後生ですから乗せてください。ご親切な運転手さん、お情けを、お情けを」という具合で、何度も何度も頼んできた。発車時刻を過ぎても長々と、ああだこうだと、今度はハエのように手を揉んで拝みまくってきた。運転手は頑として聞き入れない。というよりも、「ああ、またか」という風情で、ダメなんですよ、無理なんですよ、とおっとり刀で返していた。

もしこれだけ頼まれれば、日本の運転手の場合なら、女性を引きずり降ろして追い出すか、あるいは根負けして乗せてあげるか、どっちかだろうと思う。しかしニースの運転手たちは、あまりに慣れっ子になっているのだろう。慌てもせず、怒りもせず、「だめですよ」と言うだけだった。

ジプシー親子はついにこのバスに乗るのをあきらめた。しかし彼らはそのまますごすご帰ったわけではない。すぐまた別の行先のバスに突進して行くと、そこでも同じように運転手と交渉し出した。

どうやらニースあたりではこうやってしゃべって交渉することは珍しくもなんともないことのようである。それも、何度も何度も粘る。粘り方は圧巻である。見事というしかない。どうもそれを楽しんでいるようなところもある。これはこのバスでのことだけではなく、ニースにいる人は実によくしゃべる。口喧嘩をするのではなくて、どこか粘るのを愉しんでしゃべる。ドメニコが別荘を申請したときも、そうやって役所と交渉したということだった。

生命を維持するには息をしなければならないけれども、ここニースでは息をするのと同じくらい、しゃべることが重要である。彼らはしゃべらずには生きていけない。しゃべらないと窒息するのだ。日本では、レストランの同じテーブルに座り食事をしながら、直接会話をしないで、隣同士にいながらラインで会話をする夫婦やカップルさえいる。電話が苦手という若者が増えている。しかしニース人はまず、しゃべり、駆け引きすることで生きている。そしてニースで暮らすうち、彼らの「しゃべること」は、日本人とは根本的なところで違いがあるらしいことが、アパートの住人たちやドメニコ、そしてバスターミナルのできごとを通じて、ぼんやりと見えてきた。

アンリは画家である。しかしだからといって、いつも絵を描いて制作活動さえしていれば良いというわけではない。日本の画家も同じだろうが、とりわけこの地では画家といえども、しゃべることは生きていくための必要条件である。

ニースのアンリのアトリエを訪ねると、アンリは制作に打ち込むというよりは、誰かと話をしていることの方が多かった。アトリエに来る人の多くは、アンリの作品に興味をもって訪れる、潜在的な購買者であるとか、画廊関係者であることが少なくなかった。アトリエは絵を描き版画を刷る仕事場であると同時に、自分の作品を見せる画廊でもある。アンリたちが来客と交わしていたのは雑談のように見えて、商談の前段階のことが多かった。ただちに売れないとしても、下見ということもあった。

しゃべることの中には、別の画商との交渉や、他の版画家の原画刷りの手配もあった。画家が情報交換のために来ることも多かった。絵描きという職業は絵を描く以外に、どういう画家が昨今勢いがあるとか、どこそこで面白い企画があるらしいなどと、周辺事情の収集に費やす時間が、想像以上に多い。常に、どういう画家や版画家がどういう展示会をしているか、を知っていなければならない。お互いのオープニング・セレモニーにも出向かなければならない。

さらに仕事上の打ち合わせはもっと多い。絵の具や紙の仕入れ業者との交渉という実務的な仕事もある。材料費がかさむようなら、別の画材屋に問い合わせる必要がある。他人《ひと》が思っている以上に、画家や版画家がこうした雑務に費やす割合は大きい。雑務は話すことから始まる。だから彼のアトリエにも同業者や画商がよく訪れていた。画家の仕事は創作や素材について考えるのと同じくらい、こうした付き合いの時間が長い。またこういう「社交」を軽んじていると、すぐさま置いていかれることになる。

アトリエに画家や画商が訪れて一見和気あいあいと談笑しているように見える中には、押したり引いたりの微妙な駆け引きがあったのだろう。破顔でくったくなく話す訪問者が、実際に何を考えているかは、なかなか分からない。とくにニースという土地は、フランス一老獪な商売人の街、ということで通っている。この地で画家をやっていくのは、本当に大変だったろうと思う。

アンリは少年のころ、画家になるか迷っていた。絵はかなりうまかったようだ。彼はニースの郊外のサンポール・ド・ヴァンスで生まれ、育った。今ではすっかり観光地化され、土産物屋だらけになっているが、その昔は落ち着いた、美しい石畳みの街並みが続いていた。山の上の城壁に囲まれた街には、ところどころにある崖壁の窪《くぼ》地に、遠くを見晴るかす小さな公園がつくられていた。

ある日、少年アンリがそうした公園でデッサンをしていると、男が後ろに立って、「うまいね、君。君は将来画家になったらいいよ」、と言った。まわりで見ていた人たちは驚いた。男はピカソだった。こうしてアンリは行く道を決めた。

ピカソは天賦の才に恵まれた画家だったが、商才の持ち主でもあった。画商はアポイントメントを取ってピカソの家にやってくるが、ピカソは約束の時間になっても、自分の部屋に閉じこもったまま、なかなか現れない。画商は待たされ続ける。じらされる画商はいよいよ、ピカソはこんなにも売れているのかと思い、商談はピカソの思うように進んだという。

アンリにそうした商才はなかった。とはいえ絵描きとして生きていくためには、絵が売れなければならない。画家の一日のかなりの部分は、絵を描くこと以外のこうした駆け引きと「社交」に費やされる。それができなければ良い画材や絵の具も調達できなくなる。そうすると肝心の制作ができない。画家業を営むために、うまく「しゃべること」は必須科目なのである。

もちろんニースであれ日本であれ、また画家であってもなくても、しゃべらなくては人と意思疎通ができない。日本人もおしゃべりは大好きである。いたるところで井戸端会議がある。日本のしゃべる文化は落語とか漫才という芸能を生んでいる。中学校や高校のクラスの中には、人を笑わせるのが好きで得意な生徒がどこにも一人や二人はいる。とはいうものの、彼らもそれなりに場の「空気を読んで」いて、ひとりがまくし立てることはあまりないし、そういうことになると「白ける」。もし誰かがしゃべり続け、声を張りあげることがあるとすれば、それは口喧嘩になったときである。

日本人のおしゃべりは、白熱する前に、茶化したりはぐらかしたりすることが多い。話は適度に切って、そこで笑いを取る方が好まれる。漫才のボケとツッコミはこれをうまく使っているとも言える。しかしニースには、日本とは別のおしゃべりのプロトコルがあるようにみえる。

食へのこだわりとしゃべる口

ドメニコの部屋にやってきて、しばしば昼食をともにするヴィットリオ老人は、国境に程近いボルディゲーラという高級住宅地に住んでいた。彼はニースにカジノやら高級アパートやらをもっていたが、それらの管理を息子に任せて現役を引退してからは、文字通り城のようにそそり立つ海沿いの大豪邸に引っ込んでいた。しかし彼はこの本丸を離れて足しげくニースに通ってきた。自宅の豪邸には腐るほどのお金とともに、口うるさい焼きもち焼きの妻がいて、常に監視されていた。ヴィットリオは妻のガミガミから逃れて息抜きするために、病院に行くとか、息子に会いにいくとか、とにかく何やかにやと理屈をつけては、ニースに来ることが多かった。

有り余るお金はもうどうでもよかった。いつもかなりの紙幣をそのままズボンのポケットに無造作に入れて歩いていた。あるとき急に雨が降り出したので、ヴィットリオは傘をひろげた。その拍子にポケットから、一枚数万円也の緑色高額紙幣《ビエ・ベール》が何枚もひらひらと舞い落ちたが、ヴィットリオはどこふく風の体だったという。

大金持ちのヴィットリオが年金暮らしのドメニコとどのようにして親しくなったかは分からないが、金満家の老人はドメニコの小さなアパートによく現われた。危なっかしいハンドルさばきで国境を超えては、せっせとニースまでやってきて、ドメニコのつくる、ごくつつましやかな昼食を満足そうに食べるのだった。

この老人がドメニコの部屋に通う理由のひとつは、そこに「愛しのニコル」が来るからだったのだろう。ヴィットリオだけではなく、イタリア人男性は大体みな女性が大好きである。女性への賛美も無意識に口をついて出てくるようで、街を歩いていてきれいな女性とすれ違えば、振り向きざまに反射的に「これほどの美女を地上に送り出してくださったあなたのお母さんに、心からの感謝を！」と言う。女性の方も手慣れたもので「そう伝えておくわ」と返してくる。ヴィットリオがニコルとどうやって知り合ったのかは魔訶不可思議だが、彼はニコルのおしゃべりを聞いて合いの手を入れるだけでよかったのかもしれない。嫉妬深い奥方のいるボルディゲーラから国境を越えて二時間運転して、わざわざニースまでやってくる、という自分の労力に対して、自己満足的な幸せを感じていたのかもしれない。

しかしヴィットリオのドメニコ宅訪問には、もうひとつの理由があった。
ドメニコ宅でのニコルとのおしゃべりは食事とともにある。イタリア人男性は女性に興味をもつのと同じくらい、どれだけ長い間フランスに住んでいようと、食に関してはイタリアのものが一番と思っている。ヴィットリオにはドメニコのパスタ料理が自分の中のマンマの味に近かったのだと思う。

もっとも、イタリア人だけが自国の味が世界一と思っているわけではない。食については世界中みな、基本的に保守的なのだと思う。昨今でこそフランスは和食ブームで沸き返っていて、パリやニースではもちろん、田舎の小さな町のスーパーも寿司弁当のみならず、幕の内弁当もおにぎりもたこ焼きも売っている。だからといって、寿司がフランス人の間に基本的な味として定着しているわけではない。料理や味についてはみな、子供のころ親しんだ味覚の底辺をもっている。それは国の違いによって出てくる味の好み、というよりも、地域に密着した「おクニ」の味なのだろう。

フランスの場合、味の好みは、まずは北部と南部とに大別される。北の地域がバターと乳製品をベースにしているとすれば、南部はオリーブオイルとニンニクと野菜が基本になっている。しかし同じ南仏でも、ニースとマルセイユとは違いがあるようで、アパートの左隣のマルセイユ出身のご婦人は、白インゲン豆とバジルと野菜をたっぷり使った南仏の郷土料理、スープ・

ド・ピストゥの鍋を片手にやってきては、これはニースとマルセイユとでは味が全然違う、マルセイユの料理法はこういうふうで、こっちの方が断然美味しいとおクニ自慢をしたものだった。

食文化というものはそれほどすぐには変わらない。たまに珍しい味を喜んで食べても、からだの芯には味覚の骨格がある。イタリア人はとりわけこの傾向が強いような気がする。ヨーロッパのどこの国の地方都市に行っても、たいがい中華レストランとイタリアン・レストランがあるのは、彼らの食への執着の強さが一つの要因としてあるように思う。

ドメニコは金はなかったが、食には手を抜かなかった。ドメニコの住む、狭くて古くて崩れ落ちそうなアパートの一室に、なぜヴィットリオのような大金持ちが来るのか、最初は不思議に思えたが、理由のひとつは食にあったのだろう。莫大な財産を築き上げたヴィットリオなら、行こうと思えばいつでもニースの高級レストランを渡り歩き、毎回豪華なワインで優雅な食卓を飾ることができる。しかし彼は、ドメニコのつくる簡単で質素なパスタ料理を、心底好んでいた。それは、ニコルという若い女性の隣に座る欲望とともに、ドメニコのパスタが本当に好きな心の落ち着く味だったからなのだろうと思う。

イタリアとの国境に近いニースは、イタリア系の人が多い。しかしいくらイタリアに近いといっても、ニースはフランスである。ニースのレストランでスパゲッティを注文すると、たいていはくたくたになるまで茹でられて出てくる。イタリアの国境からわずかしか離れていないのにもかかわらず、フランス領に入ったとたん、スパゲッティはぐったりする。ところがこの芯のないスパゲッティを、ニース人は美味しい美味しいと言って食べる。

しかしドメニコの食生活は徹底的にイタリア式だった。彼のつくるスパゲッティは正真正銘の歯ごたえのあるアルデンテだった。またドメニコは何にでもイタリア産のオリーブオイルを滝のようにかけた。ニース近郊は上質でまろやかな高級オリーブオイルの産地であるのだけれども、彼はイタリアンの食材店でイタリアのオリーブオイルを買ってきては、フランスのものはこれほど美味しくはない、やっぱりオリーブオイルはイタリアのものに限る、と鼻の穴をふくらませながら食べた。

ものの見方と味と食べ物の言い方とは足並みをそろえているようで、同じものでも、場所が変われば呼び方も変わる。たとえば野菜はしばしばパリとニースとで呼び方が違う。ニースの人たちはカボチャを「ポチロン」と呼んで、パリ人のように「クールジュ」とは、あまり言わない。ポチロンは「プチ・マロン」のつづまった形で、「プチ」(小さい)「マロン」(栗)のことのようだ。日本でも同じようなことがあるけれども、食べものの名前は食べることに直結しているようである。不思議なことに、同じものでも呼び方が違うと、味もなんとなく違って感じられるように思う。

そして子供のときから身に植えつけらえる食意識は、しゃべることと繋がっているように思う。確かに、口という器官を使って、声を外に向けて出すことと、同じ口を使って食物を身体の中に入れるということで、ふたつはかかわりあっている。

自己主張と無関心――プロヴァンス語とイタリア語

イタリア生まれのドメニコは、三十年以上フランスに住んでいた。しかしドメニコは食生活をイタリア式から変える気持ちを持たなかったのみならず、フランス語をきちんと覚えようという気など、さらさらなかった。彼はイタリア式の言い方を自分流に適当に変えたフランス語を使っていた。

日本語は主語を言わなくても話が通じるので、いちいち「わたしは」とか「ぼくは」と言わないことが多い。相手を表す言葉（あなた）も、ときと場合によって分けるので、「あなた」「お前」「君」「あんた」「貴方様」などなど、種類が多い。その点、英語やフランス語は楽だということになる。

しかしフランス語にその区別がないわけではない。相手を呼ぶとき、丁寧な言い方の「ヴーvous」と、話し相手との距離感が縮まったときに使う「チュtu」がある。この違いは、相手との心理的な距離感から出て来るものであるのだから、必ずしも、「ヴー」は「あなた」で、

「チュ」は「あんた」とか「きみ」とかいうような語句レベルのものではない。あえて言えば、「です・ます」体と「だ」体の違いで、文体の違いになる。公的な場所や事務的なことで話をする場合は「ヴー」を使う。私的な場合でも初対面の相手と接するときには、まず「ヴー」で話しかけ、お互いに位置関係を測りあって親しくなると、「チュ」と言うようになっていく。若者はしばしば、初対面の段階から「チュ」で話しかけてくる。日本で習うフランス語のテクストは「ヴー」が中心になっているが、いざフランスで生活をするとなると、「チュ」を使う機会の方が断然多い。

ところがドメニコは人と話をするとき、どこでも丁寧語の「あなた」、つまり「です、ます体」の「ヴー」だけで済ませた。親しくなって、「チュ」で話す段階なのにと思うような場合も「ヴー」で通した。こうすれば動詞の活用が簡単だからである。しかしいつも「あなた」を使うと、親しい人たちが寄り集まって、みなが「チュ」で話をしている中では釣り合いがちぐはぐで、彼だけまわりから浮いて見える。それでもドメニコは全く意に介さなかった。

おそらくそうしたちぐはぐさなど、ドメニコにとってはどうでもよかったのだろう。彼のフランス語がどんなものだったのかは説明しにくいけれども、自分を「おれ」と言いながら相手を「貴方様は」とか「御大におかれては」と場にそぐわない丁寧な言い方をして、そうかと思うと、文末が「じゃん」、「じゃないか」と終わるというような、なんとも言えない不思議な話し方だった。

ドメニコがなぜこういうしゃべり方をするようになったのかは、おおよそ推測がつく。イタリア語には「あなた」を意味する「レーイ Lei」という言い方がある。これは便利といえば非常に便利である。「レーイ」はもともと三人称扱いの語であるが、二人称の単数にも複数にも転用して用いることができる。フランス語の二人称の「あなた ヴー」はこの「レーイ」に似ていて、単数のあなたにも複数の「あなた方」にも同じように使える万能語である。つまり単数の「あなた」も複数の「あなた方」も「ヴー」でよい。だから面倒なことさえ考えなければ、話の相手はみな「ヴー」で通用する。単数と複数で異なる面倒な動詞の活用を覚える必要もない。「お前」も「お前さんたち」も、「てめえ」も「てめえたち」も、「あなた」も「あなた方も」、そして親しみをこめた「きみ」も、あるいはうやうやしい「貴方様」も、フランス語で「ヴー」と言っておけば、すべてオーライなのである。ドメニコはイタリア語の「レーイ」を、そのままフランス語の「ヴー」に置き替えて、三十年以上、ずっとこの言い方で通してきた。誰に対しても、かなり親しい友人に対しても、あるいは行きつけの店でも行きつけでない店でも、市役所でも駅でもスーパーでも、対面する相手は「ヴー」だった。

彼のフランス語はなんとも座りの悪いものだったけれども、しかしドメニコのフランス語の聞き取に苦労するフランス人や、それをおかしいなどと言うフランス人にはお目にかからなかった。

「ヴー」だけのことではない。彼のフランス語の中にはイタリア語が多く混じっていた。ドメニコは最初フランスに長居する気はなかったのだろう。だからそれほど真面目にフランス語を覚える気にならなかったのだろう。それにフランス語はイタリア語に近い。ニースにはイタリア人が多い。結局、ドメニコは、適当にイタリア語をまじえても十分に通用するニースで、きちんとしたフランス語を勉強する必要性を感じないまま、三十年以上を過ごし、そして何の不都合も感じなかったのだと思う。あったとしても、まあなんとかやっていけた。

ニースはもともとフランス語ではなく、プロヴァンス語を話す土地だった。今でも街の中の店の看板には、プロヴァンス語表示を入れている飲食店が多々ある。ニースはプロヴァンス文化を残し、失われつつある古きよきプロヴァンス語を守ろうという動きが今でも盛んである。アパートの近くの高校では毎週、プロヴァンス語の無料の公開講座があり、ここではプロヴァンスの民謡も教えていた。ニース近郊出身のアンリは子供の頃、祖父とはプロヴァンス語で話をしていたという。アンリのおじいさんはプロヴァンス語で話し、アンリはフランス語で返事をしていたというが、それでお互いに困ることは何もなかった。

フランス語はとくに十七世紀ごろ、言語の美しさと論理性と整然性を求めて徹底的に洗練化され、変化していった。現在のフランス語は、半ば、人工的に統制された言語である。現代のフランス語の根幹の一部はプロヴァンス語だった。プロヴァンス語は言語的・文法的にはポルトガル語に最も近い。近代以降、フランス語が大きく変化した一方、ポルトガル語は古くからの言語の原型を留めているところが多い。ポルトガル語はイタリア語に似ている。そのためプロヴァンス語と同じような文法構造をもつイタリア語をニースでそのまま使っても、あまり問題なく通用する。実際ニースにはイタリアの血の混じった人が多いし、人の名前もイタリア風の人が多い。ニース人はイタリア語を正しくしゃべることはできないとしても、聞けば大体わかるようだ。ニースには北の国から移り住んで来る人が多いので、だれもがプロヴァンス語を解するわけではないけれども、土地の根っこのところで、プロヴァンス語とプロヴァンス文化は、この地にしっかりと息づいている。ドメニコのフランス語も、プロヴァンス語を中継してイタリア語とつながっていたのだろう。

ニースの先は地中海が広がる。昔からニースは北から来る人の波を、その先に広がる海で堰《せ》き止めた。もともとニースに住んでいたニース人のもつプロヴァンスへの地域愛は、南仏へと人々が押し寄せることで、いよいよ深まっていったのだろう。やってきた人の方も、この地で自らの出自意識を確認し、それをさらに強くしていったのだろう。日本にも県民気質というものがあるし、それぞれの地方には独自の名物・名品がある。しかしニースは人が混じり合うことが多く、それを常に感じ取らせる要素が、わたしたちのもつ県民意識よりも、どうも一桁大きい。

そして南仏にはさらに「おクニ」意識を強くさせる事情がある。

人は声――アメッド語と「ショーバン」

ニースの海岸やそこから少し内陸に入ったプロヴァンス地方は、夏ともなると国の内外から多くの観光客がやってくる。「南仏」をフランス人は「ミディ」と呼ぶ。またこの地方を総称してＰＡＣＡ「パカ」（プロヴァンス Provence アルプ・マリティーム Alpes-Maritimes コート・ダジュール Côte d'Azur の頭文字を取る）と呼ぶことも多い。もともと観光地として人気の高かった地だが、あるときここに移り住んだイギリス人作家の著書が世界的な大ベストセラーになると、プロヴァンス・ブームが沸騰した。あっという間に別荘がにょきにょきと建っていった。ヴァカンスの旅行者はもちろん、ここに住むために、北から南から、西から東から、あちらの国からこちらの国から、人がやってきた。

プロヴァンスの夏場の人口は相当の数になる。人々は頻繁に、涼しくなった夕方から食事会だの、あるいは軽く酒とつまみをたしなむアペリティフの会を開いておたがいに招待しあう。別荘族の友人たちもやってくる。フランス人のヴァカンスは、山を歩いたり、湖でボートを漕いだり泳いだり寝たりと、実にのんびりした、「何もしない」ものであるが、プロヴァンスは昼間の暑さが相当なので、実際にそれほど精力的には動けないわけでもある。

こういう土地で人と話をしていると、必ず、あなたはどこの出身かと聞いてくる。そして、聞いた相手はたいていおクニの自慢をしてくる。外国人で溢れる夏のPACAは、おクニの違う人たちがお互いにそれぞれのおクニを滔々《とうとう》と語る場となる。

おクニ自慢、おクニびいきの人を、フランスでは「ショーバン」と言う。同じような語が英語にもあるが（chauvinism）、英語にするとこの言葉はとたんに、排他主義的で政治的な色合いが出てくるので神経を使う。しかしフランスの人たちは、誰かが何かのおクニ自慢を始めると、やあやあ、彼はショーバンだ、ショーバンだ、と笑いながら冷やかす。

もっとも、観光客や別荘に来る人だけがこの地に集まるわけではない。南仏に来る人の中には出稼ぎに来る外国人、とくにフランスとつながりの強い北アフリカの人が少なくない。ヴァカンスで南仏に集う人々が自分の出身地について話すように、彼らも大いに自分の国を自慢する。

北アフリカのアルジェリアやチュニジアなどのアラブ系の人が特に多いのは、フランスが十九世紀から二十世紀半ば過ぎまで、アルジェリアを支配していたからである。彼らの多くは大都市部に集中しているものの、地方の片田舎にも相当数が住んでいる。

私がニースのアパートに住み始めたとき、画家のアンリは、実はすでに狭いアトリエの脱出を考えていた。実際、その数年後、彼はニースのアトリエをたたむと、地中海から少し内陸のプロヴァンスに、アトリエ兼自宅を建てて引っ越す。アトリエだけでなく、そこに広い庭をつくり、リンゴ、アンズ、アーモンド、イチジク、ブドウ、オリーブ、サクランボなどの樹木を植え、ちょっとした畑をつくっていった。アンリがその土地を買ったころは爆発的なプロヴァンス・ブームの前で、あたりは人気《ひとけ》など全くない、一面に広がる森林だった。彼はその土地を破格の値段で買ったときから、少しずつ開墾をして、果樹の類を植えていたのだった。

膨大な広さと種類にわたる庭とまわりの樹木を管理するには、人手が必要である。アンリはなんでも屋の手伝い兼庭師をときに応じて雇った。その中にアメッドという出稼ぎのアルジェリア人がいた。アメッドは家族をアルジェリアに残して、フランスに出稼ぎに来ていた。アメッドはアンリの庭の手伝いが終わり、一息つくためお茶のテーブルに座ると、よく故郷の話をした。

アメッドのフランス語は実に分かりにくかった。あまりにも理解できないので、レイラに、私のフランス語力はたいして上手くなっていないのねと告げると、ああ、あの人の話すのはフランス語ではなくて、アメッド語なのよ、と言った。

確かに、彼は言葉を自分で適当につくっていた。「牛の乳の石鹸」は「チーズ」のことだった。これは日本のどこかの石鹸メーカーの名前になるので、訳語をそのまま書くわけにはいかないが、しかし、まあそう言われてみれば、なんとなく分かる気がする。しかしその語を「チーズ」と結びつけるためには、よほどの想像力が必要なはずだ。ところがアメッドの独創的フランス語の数々を、フランス人たちはそれほど困ることなく分かるというのだった。

　庭仕事を終えたアメッド、アンリ、レイラとお茶をともにしたときのことである。テーブルを囲むとアメッドは錠剤を出して、「ぼくはぼくの（メ）薬（ディカマン）を飲みたいから水をくれ」と言った。こうして彼は〈私の《メ》〉薬「メ・ディカマン」mes dicamanets を飲むと、「あんたは〈あんたの〉薬を飲まなくてもいいのか」とみんなを見まわした。彼によると、〈あんたの《テ》〉薬は「テ・ディカマン」tes dicaments だった。フランス語で「薬」は「メディカマン」médicament (s) である。しかしアメッド語では「薬」は「ディカマン」だった。「メ（mes）」は、彼にとっては〈私の〉という意味の冠詞なのだから、あんたの（tes）薬は「テ」の「ディカマン」で、つまり「テ・ディカマン」となるわけである。「おくさん（奥さん）」を「くさん」と言って分からせるようなわけである。

　彼のフランス語は、相手に強引に自分の言いたいことを分からせるようなものだったけれども、フランスで生活をする中、言葉で困ることはなかったようで、「テ・ディカマン」も「牛の乳の石鹸」も、フランス人は最初こそ「ん？」とは思っても、ダジャレの範囲と心得て、まあ分かっていたようである。アメッドの使う言葉はいつまでたってもこの調子だったけれども、長くフランスにいたので、それなりの年金が下りた。仕事が仕事なので怪我をすることもあった。しかし年金の手続きも面倒な医療費の請求も、このフランス語を駆使して難なくこなしていた。文法をあれこれ考えてしゃべるよりも、「わからせる」ために自分を主張する声をもつことの方が、この地では断然重要なのだ。

つくることと仕掛けること――日曜大工（DIY）の意味

南仏／パカ（PACA）は、フランスの中でもかなり広い範囲にわたる。海岸沿いのところがあれば、山が多いところ、さらにより険しいアルプスのあたりなどなど、地形も実にさまざまである。そしてその地形に応じて、住む人の性格は相当に違っている。ニースと、ニースのすぐお隣のアンティーブやカーニュでさえ、住む人の性格が全く違うと言う。とはいえ南仏に点在する隣接し合う小さな村や町の人同士はそうした違いの奥深くの底の部分で、南仏人としての性格をしっかり共有している。

アンリとレイラは私を、ニースやプロヴァンスの小さな街々の画廊のオープニングに、ほぼ必ず連れていってくれた。友人宅に招かれるときにも、私を同伴してくれた。南仏には、聳《そび》えたつ山の上に点在する村がよくある。山というより断崖絶壁の上で、よくぞこれほど不便なところに住むものよ、と思うようなところに民家がある。彼らは素晴らしい眺望の中で生活する方を、日用品の買い出しのわずらわしさを超えて選択しているのだろう。そうしたお宅には独特の個性が溢れていた。家には住む人の個性が出て来るのだから当然なのだが、想像以上に違いが出るのは、彼らが日曜大工／ＤＩＹの絶大な愛好家で、工夫し「つくる」ことの達人だからだろう。

ニースはすぐ前に山が迫ってくる地形であるから、山の斜面を考えて家を建てなければならない。あるとき、このような急斜面に建つアンリの画家仲間の家に招待されたことがある。彼はイノシシや野生動物料理《ジビエ》が得意で、今、熟成させてちょうど食べごろになったイノシシがあるので、是非それを食べてほしいということだった。

家はリフォーム中だという予備知識はもらっていたが、ドアを開けて驚いた。目に飛び込んできたのは、トイレの便器だったからである。彼はそのとき、トイレだった部屋を玄関入り口に変えようと工事をしていたのだった。

イノシシ料理の画家は四階建ての建物の半分を、上から下まで全階買った。かなり傾斜した地形に建つ古い建物なので、そもそもどこが一階なのか三階なのかよくわからない。一階から四階まである階のすべてが表の公道に面していた。だから入り口はどの階にしてもよかった。彼は今回、二階の部分をメイン玄関にしようとしていたのだった。まだリフォームの途中だったので、わたしたちは、もともとトイレであった二階から入り、古い便器を乗り越えて居間に入ることになった。フランスの現代芸術家のマルセル・デュシャンに『泉』という有名な作品がある。便器を出展して『泉』というタイトルをつけたわけだが、イノシシ画家は、デュシャン並みに人を驚かせることで、まず客人に歓迎を示した。これは彼の演出のひとつだったのだろう。

私がフランスのいろいろなお宅に行くことができたのは、アンリとレイラのおかげである。招待されたお宅は、絵画や版画をコレクションで買うわけだから、ある程度、財力のある人たちなのだろう。小さな古城を借り切って夏の別荘としている人もいた。しかし彼らのなかにも、自分で改装工事をする人がそこそこいた。いや、そこそこどころか、みな、相当熱心に、趣味を超えた技術で日曜大工に勤《いそ》しんでいた。

アンリと同業の画家の家にもしばしば招かれた。画家や版画家、彫刻家という人種はお金がないと相場が決まっている。いかにも金がないという画家の家にもよく招待された。しかしどこに行っても、彼らはなけなしの資金で、できるかぎり心地のよいように仕上げようと、外装と内装に工夫を凝らしていた。

山奥深くの一軒家にある画家の家は牧場のようだった。この夫婦は母屋の外に庭をつくり小屋を建て、相当数の鶏やヤギや羊を飼って、庭には野菜をつくり、自給自足の生活をしていた。家も家畜小屋も畑も、すべて自作だった。

南フランスにはよくあるのだが、洞窟の一部を自宅にしている人もいた。田舎住まいの画家たちの場合、自宅はたいていアトリエを兼ねていたが、洞窟の画家は、器用に丸めて天井まで伸ばした段ボール製の自作スピーカーを披露してくれた。段ボール以外に何も使っていないのだけれど、実に良い音がした。洞窟を利用して、見事な音の響きをつくりあげたわけである。日曜大工をする人たちの工夫はさまざまだった。壁も天井も床も真っ青に塗った部屋をリビングにしているお宅もあった。船室をイメージしてつくったという家もあった。どの部屋もまるで航海中の船室のようである。彼らは実際、ヨットを手作りして、ヨーロッパからアフリカまで廻ったことがあるそうだ。

古い建物を購入して、あちこち少しずつ、何年もかけて個性的につくりあげようとする人たちは実に多かった。大工道具専用の部屋とか工具小屋とか大工コーナーのようなところは、たいがいのお宅がもっていた。家の中を自分で日曜大工、つまりＤＩＹでリフォームすることは、南仏ではかなりあたり前のことのようで、時間を惜しまず、楽しそうにせっせとやる。大工仕事はフランス人の趣味の中でもかなり大きなジャンルのように見える。

南仏だけでなく、自分で家を直すとか建てるとかいうことは、ヨーロッパ中で相当盛んなようだ。日本でも最近でこそＤＩＹがブームだけれども、技術者の人件費が高く、業者に頼んだとしてもすぐに来てくれないヨーロッパでは、ＤＩＹは昔から生活に不可欠なものだったのだろう。しかし必要に迫られて、という事情以上に、彼らは心から手作業が好きだというふうに見えた。かなり本格的なものをつくるし、何より、熱の入れ様が違う。道具も技術も本職なみで、道具類はいつもピカピカに磨いて大事にしていた。

フランスには巨大ホームセンターが各地に実に多くある。素材も材料も豊富で、本格的なものが揃えられる。みな、そうした店に行って自分で材料を買ってきては、切ったり折ったり塗ったり貼ったりして、自分の好みに従って家をつくってゆく。当然そこにはそれぞれの個性が出てくる。

こういうふうにして家をつくっていくのは、それ自体を楽しむ以外に、人に見せるためという、相当に大きな側面があるからである。

おしゃべりのための大道具

フランスでは自宅に招かれると、まず各部屋を見せてくれる。プロヴァンスの家屋はたいがい敷地面積が大きく、庭がとてつもなく広がっている。訪問すると各部屋のお披露目に続いて、庭に案内される。

庭はそれぞれ個性豊かなつくりをしていて、自然のでこぼこを利用して小さな川をつくったり、その流れを堰き止めてちょっとした滝をつくっているところもある。ピザ焼き専用窯の東屋をこしらえたりしている家も多い。日曜大工用の工具や庭いじりの機具を置く小屋は、お決まりの邸内案内セレモニーの重要な見学対象である。小屋の中には草刈機とともに大型チェーンソーなどの本格的な工具や、場合によっては小さなトラクターなど、機材がずらりと並んでいる。日本的な感覚からすると、よほどの金持ちのものというプールも、暑いプロヴァンスの家にはそれほど贅沢なものではないらしい。プールの水を調整するややこしい器具も、自慢の大工小屋に入っている。

招待者のホストが部屋や庭を見せてくれるのは、日常生活のすべてを見せて、ほら、私はあなたに隠すことなど何もないのですよ、あなたを信用しているのですよ、という表明の意味があるのだろう。招待された側も自宅の様子を見せられて、私はここに受け入れられたのだと理解する。

かつて日本の家には伝統的に客間があった。立派で大きな特別の部屋で、普段はぴしゃりと閉められていた。たまに開けても、なんとなくがらんとした空気の漂う寒々とした空間である。来客があればそこに案内するのだが、ごく近しい人の場合は茶の間に招く。ところがプロヴァンスの田舎を訪問すると、家の主人は、家のすべてとは言わないまでも、相当な部分を見せてくれる。バスルームはもちろん、寝室さえ見せてくれる。その後、普段自分たちがくつろいでいる居間に案内してくれる。そして、たいていは居間に隣接する食堂に移り、招かれた客人たちはホストと食事をすることになる。

アンリは画家という職業上、招待を受ける機会が人より多かった。フランスでは普通の家庭でもコレクションとして絵画を買う習慣が今でも生きている。日本人が骨董か部屋の装飾品を集めるような具合に絵を買う。画家はしばしば自分の絵を買ってくれた人の招待を受ける。気に入ると何度も買ってもらえるし、知人を紹介してくれることもある。アンリ夫妻はよくそういうお宅の食事会、つまりは食べておしゃべりをする会に招待され、私もご相伴にあずかったわけである。

そうしたおしゃべりの場では、「舞台つくり」がかなり重要な意味をもつ。日曜大工の技はたんなる手すさびというのでなく、人を招いて、招待客と懇談するときに使う「舞台装置」づくりのための要件なのである。ホイジンガは遊びの形式的な特徴を、自由性と非日常性、没利害性、そして時間的・空間的な完結性を挙げたけれども、彼らの招待と食事と、「おしゃべり」は、自由で、非日常的で、没利害的な、始まりと終わりの決められた、おおいなる「遊び」の会であり、そしてその遊びのためには、十分な舞台の設営が必須項目となるわけである。

招くホストは食事への招待というつくりものの会を、得意の日曜大工（DIY）でその場をつくり披露するのが楽しい。フランス語で言う日曜大工（ブリコラージュ）bricolage は、「日曜大工する」という動詞 brioler「ブリコレ」に由来する語であるが、この「ブリコレ」は、十六世紀には「嘘をつく」の意味があった。つまり「ブリコラージュ」（日曜大工）には、はじめから「つくりもの」のイメージがくっついていた。日曜大工＝ブリコラージュは、普段とは違う日常世界をつくりだそうというかぎりにおいて、まさに〈嘘〉をつくための基礎工事なのである。

I 嘘と芝居

1．ファー・ブルトンの儀式——日常のお膳立て

私はニースでの在外研究期間を終えると帰国した。しかしそれからも長めの休みになると、アンリの新しいアトリエを訪問した。アンリとレイラの新アトリエは、少し内陸に入ったプロヴァンスにあった。彼らは私がフランスを去って二年後、かねてから計画していたようにニースの狭いアトリエを引き払うと、広い田舎に引っ越したのだった。

プロヴァンスの自宅兼アトリエに行くためには、ニースから鉄道を利用する。列車は紺碧に輝くリビエラ海岸沿いをくねくねと走る。車窓からの眺めは、アンテオールという小さな駅を過ぎたあたりから、がらりと変わる。ニースやカンヌあたりでは灰色だった岩や海岸沿いの島々が、突如燃えるような赤褐色になって、海の色に挑戦してくる。

南仏の起伏に富んだ美しい風景は、その昔、大きな地殻変動でアルプスが隆起し、地中海が

出現したことでできた。悠久のときを経て、入り組んだ湾の中には人が住むようになり、小さな集落がぽつぽつできていった。今ではミモザの季節になると、書き割りのような南仏カラーの黄色が、赤褐色の民家の屋根の間に鮮やかに浮かぶ。

　アンリ夫妻の引っ越し先は、列車がコート・ダジュールの海岸を離れて止まる最初の駅を降りた後、さらに車で小一時間走った、それこそ大田舎にあった。かなり辺鄙な場所だったけれども、彼らはさかんに人を招待したりされたりしていた。それはアンリの画家という職業のためだったのだろう。ニースの街中のアトリエなら簡単に見せられた作品は、今度はわざわざ田舎まで見に来てもらわなければならない。アンリ夫婦は、自分の絵の宣伝の意味も込めてか、プロヴァンスの自宅への招待を頻繁におこなった。広い庭を利用して、しばしば独自のアート企画もした。こうしてアンリの周りにはいろいろな人が集まることになった。

　そのうち個人的に親しい友人もぼつぼつできていった。その中に、あるカップルがいた。男性がアランで女性の方はモニクと言った。アランはブルターニュ出身のブルトン（ブルターニュ人）だった。「ブルターニュの人」だから、フランス語で「ブルトン」というわけである。ブルターニュ地方はイギリスとドーバー海峡を隔てて向かい合うフランスの東北部の半島で、日本語の「イギリス」はグレイト・ブリテンつまり大ブリテンのことで、ブルターニュはブリテンのフランス語名である。

ブルターニュ地方は、パリを中心としたフランスとは別の文化をもつ。ここに住む人々はブルターニュ人（ブルトン）としての誇りが高く、今では子供たちにブルトン語を教える制度が整っている。ブルトン語はケルト語の系列で、ロマンス語系のフランス語とは全くといっていいほど異なる。ブルターニュの人はしばしば日本の東北人に気質が似ていると言われる。アランもまた典型的なブルトンで、おしゃべり好きの人が集まると、いかにもブルトンらしいと言うのか、ちょっと無骨で、口数は少な目だった。

彼はブルターニュ出身であることをいつも誇りにしていた。またブルターニュ料理が好きで、つくるのも得意だった。腕はプロ級、皿の盛り付け、飾り付けも超一流だった。ブルターニュ料理だけでなく、料理全般についてもよく研究していた。腕の披露を込めてだろう、友人たちを自宅に招いては、凝りに凝った料理をごちそうするのを趣味としていた。そのため彼の料理の腕前は周囲にはかなり知られていた。

ある夏の日、アンリが四十人ぐらいの客を招待して、自宅の庭で作品披露を兼ねたパーティを開いたことがある。庭に大きなテントを張り、そこに椅子とテーブルを入れた。招かれた人たちは、花とかワインとかチョコレートとか菓子とか、とにかく何か手土産をもってやってくる。アランもそのとき、自慢の焼き菓子を持ってきた。それは「ファー・ブルトン」という、ブルターニュに伝わる名物菓子だった。

ファー・ブルトンは、卵と生クリームと干しプルーンと小麦粉を混ぜて、ただオーブンに入れるだけの、実に単純な焼き菓子である。特大のホットケーキのような恰好をしていて、もちもち感が絶妙である。しかし菓子つくりは、単純であればあるだけ難しい。アラン特製のファー・ブルトンは、きれいな容器に紙のレースで飾られて、うやうやしく客の前に出て来た。

彼は人々に小声でどうぞどうぞと、少し得意げにワシ鼻の先端を動かしながら、きれいな色に焼き上がった菓子を客へと回しながら言った。菓子が私のところにまわってきたので、適当に切って皿に取り、ひとくち、口に入れた。

しかし、それはおそろしく不味かった。はじめて味わう奇妙なねちっこい感触が舌にまつわりついた。皿に取り分けて食べていた人たちが、大きく呼吸して、なんとも言えない視線を遠くに投げかけていた意味が、そのとき分かった。しかし私はうかつにもつい、「まずい」と漏らしてしまった。アランには気づかれなかったが、私の周りにいた人は聞き取ったようで、声を殺して腹筋だけで笑った。これはアランが生涯につくった料理の中で、後にも先にも唯一の失敗作だったろう。私の後に、ホスト側のレイラも皿に取って食べた。彼女は大きな目をさらに大きく見開いたので、目の玉が落ちそうになった。

招待客たちがアンリ宅から退出しはじめたとき、レイラはアランに、「他にもみなさまからたいへんな数のお菓子をいただいたので、あなたのファー・ブルトンは、どうぞ半分お持ち帰りになって」と言って、菓子の箱を渡そうとした。だがアランは、両腕を前に突き出し、手のひらを外にして上に直角に折り曲げると、大きく横に振った。そして、「いえいえ、とんでもない。本当にご遠慮なく。これはあなたがたのためにつくったんですから」と断固拒絶した。磊落不羈《らいらくふき》の彼には珍しい身振りだったが、そこには、「これは絶対に美味しいのだ」という自負が透けていた。

アランの名誉のためにもう一度言うが、彼は大変な料理の名人である。だからこの菓子は彼の生涯の中で唯一の失敗作なのだろう。しかしその味を彼自身は永遠に知ることはなかった。菓子の皿は客たちに回したが、自分はかけらほども口にしなかったからである。

この菓子はその後五日もほとんど食べられないまま、アンリ宅の冷蔵庫に眠ることになる。レイラは冷蔵庫を開けるとき、もしかしたらもういないかもよ、といういたずらっぽい目でアンリと私の二人を交互に見ながら、「静かに」と口もとに指を一本立てて扉をそっと開ける。しかしファー・ブルトン様はそこにいた。三人とも大笑いだった。そしてほんの少しずつ取り分けるのだが、それは一向に減らないように見えた。

とはいえいかに焼き菓子といえども、卵と生クリームをふんだんに使った菓子は一週間もすれば悪くなる。ついに私たちは、レイラの案で、残ったファー・ブルトンに埋葬の儀式をすることにした。少しだけ小さくなった焼き菓子をうやうやしく包むと、レイラは台所の外の花壇に穴を掘り、包みを投じると、カトリックの神父さながらの仕草をして土をかけて埋めた。このファー・ブルトン劇の顛末について、アラン本人は知らなかった。アランはその後も美味しいブルターニュ料理をつくってくれた。そのたびごとに料理のうんちくが必ずあった。私たちは声をこらえて笑った。

2. 地方の事情――ニースの場合

郷土料理を「つくる」ということに情熱を注いでいるのは、何もアランだけのことではないだろう。人は多かれ少なかれ、おクニ自慢を背負って生きている。味は人に、生まれた場所を刻印する。それは言葉や方言と同じで、その人の血と肉と骨の中に浸み込んでいる。

「つくる」精神はおしゃべりの会を開いているときだけにあるのではない。レイラはファー・ブルトンに埋葬儀式を施した。しかしこうしたことは、レイラならずともみなよく見せてくれる。彼らはどうも日頃から生活のいたるところで何か脚色をして、演技的な世界をつくろうとしているように見える。そしてそれが最もよく出てくるのが、口を駆使するおしゃべりの会という場面になる。

おしゃべりの会は声を出すとともに、ものを食べるのだから、それはいわば口の饗宴である。食べ物は口を通って自分の胃の中に消えて行く。おしゃべりは口から声となって外に出てゆく。言葉が口から放出される声の充実感も、口と舌と喉がつくる。声は出たとたんに消える。同様に料理もまた、何日も何時間もかけて仕込み準備したものが、口にしたとたん、消えてなくなる。食物も声も瞬時のものである。しかしだからこそ人は、他の何物にも代えがたい一刻の楽しみを得るのだろう。客は声で演じ、ホストは腕をまくって料理をこしらえて、一同みな、非日常的な、充実感のある不思議の国の、口の祝祭的空間の制作にいそしむ。

人はだれでも生まれた地域と地方の味覚へのこだわりが強い。とりわけ味覚は、食べることによって生きるという、もっとも生理的なところにかかわっている。アルプスに別荘をもつイタリア人のドメニコが、イタリアの味をいつまでも引きづっているように、おクニ自慢の「ショーバン」意識は、どの人であれ、言葉と食べる食材や料理法にくっきりと出てくる。

このショーバン意識とかおクニへの傾きが、南仏、とりわけニースで強く押し出されているのにはわけがある。

ニースは昔からフランスであったわけではない。中世にはプロヴァンス伯が支配していた。近世にはニースはサヴォア公国の一部だった。いや、さらに遠い昔は、フェニキア人が支配して要塞をつくり都市をつくっていた。スペインに属したこともあったし、イタリアのサルデーニャ王国に組み入れられたこともあった。そして一八六〇年、フランスになった。フランスになる経緯にもややこしい込み入った事情があった。

複雑な歴史を担って歩んで来たニースであるが、ニース人にはニース人の強い誇りがある。私のアパートの右隣の女性は、よく、「私たちはフランス人ではない、サヴォア人だ」とか、「フランスは敵だ」と息巻いていた。こういう場合の「フランス」とは、パリを中心とするフランスの意味で、ニース人は、自分たちはパリとは一線を画していると常に意識している。ニースっ子《ニソワ》の地域意識は根強く、相当頑固である。

複雑な経緯を経ているうちに、この土地に住む人々は、周りの人間が信用できなくなったのかもしれない。ニース人は簡単に他人を信用しないし、徹底的に自己保身をする。一言でいえば、きわめて保守的である。ニース人は一見、愛想がよい。誰もがにこにこしていて、口角をつり上げて挨拶をしてくる。ところが平気で嘘をつく。多少のズルさもある。朝市《マルシェ》では、野菜売りのおばさんが笑顔をふりまきながら、こっそりと手で秤を押していないかよく見ていないと、値段をごまかされることになる。ニースっ子はよそ者に対して実に丁寧だけれども、しかしそれは彼らが遠来の人間を、お金を落としてくれる財布と見なしているからだと言われたことがある。観光客を目当てにしたプロフェッショナルなスリや泥棒もあちこちから集結してくるわけだから、ここに住んでいる人はいよいよ警戒心を強くする。

彼らが積極的におしゃべりをするのは、相手の様子をうかがうためなのかもしれない。この地でのおしゃべりは、人と人との潤滑剤の働きをするとともに、より戦略的な側面があるのだろう。そしてこの付き合いの技術を磨くために、日々の生活にもどこか演技的なところが出てくるのかもしれない。

しかしこうした地方性とおクニ根性があることは、何もニースとニース人だけのことではない。

3．方言と訛

ブルターニュ出身のアランはブルトン語が話せた。またニース近郊のサンポール出身のアンリは、きちんと話せるわけではないが、プロヴァンス語が分かった。現在ニースの街中で、プロヴァンス語で話をする人はほぼいないと思う。それでもプロヴァンス語を絶やすまいという彼らの意識は強い。日常生活ではプロヴァンス語は必要ないのだろうけれども、ニース人たちはプロヴァンスの伝統を守りたいと強く願っている。自分の土地独自の言葉をいとしく思う人がいるかぎり、その言葉を絶やすまいという思いは消えることはないだろう。ニースの旧市街では、フランス語のようでいてフランス語ではない、プロヴァンス語で書かれた店の看板をよく目にする。

　私はその昔、ベルギーのリエージュ大学に留学した。リエージュはかつて鉄鋼産業で栄えた、ベルギー内陸部の都市である。ベルギーは国土こそ狭いけれども、北部のフラマン語の地域と、南のワロン語の地域のふたつに文化圏が分けられる。フラマン語はオランダ語の一方言である。一方、ワロン文化圏の中心都市がリエージュで、ここではフランス語を使う。私がリエージュにいたころには、基幹産業の鉄鋼業はすでに斜陽となっていた。しかしそれでもリエージュ郊外にある工場の求人欄の採用条件には、「フランス語が理解できること」とあった。リエージュはフランス語圏だが、リエージュを少し離れて郊外の街に行くと、普通にワロン語が使われていて、田舎のスーパーマーケットではワロン語の表示が並んでいた。ワロン語はケルト語を祖とする言語である。小学校ではフランス語で教育が行われていても、フランス語は、少なくともひと昔前の人にとっては、母語ではなかったのである。

　フランス語だのドイツ語だのイタリア語だのというけれども、地域によっては国の公用語ではなく、普段は土地に根付いた言語を使っているケースは決して少なくない。ベルギーは小国ながら、言語的にかなりややこしい。私が住んだ一九七〇年代も、アントウェルペンを中心とするフラマン語の地域と、リエージュを中心とするワロン地方との間には確執があり、絶えずどこかで小競り合いがあった。そもそも「アントウェルペン」という言い方はフラマン語で、ベルギー・フランス語では「アンヴェルス」、英語では「アントワープ」である。この国は生まれながらに、ふたつの違った言語圏、つまりふたつの文化圏がひとつの国名を共有するという複雑な構造をもっていた。もっとも、ふたつというのはおおよその分け方で、同じベルギーでも、アーヘンに近いドイツ国境の近くになると、ドイツ語が日常的に話される地域があり、そこではドイツ語によるラジオ放送が普通に流れていた。

かつては、フラマン語圏の小中学生に対してはフランス語の履修が、フランス語圏の小中学生にはフラマン語の履修が義務づけられていたが、現在は廃止されている。フランス語圏の経済力が弱くなったとともに、国際語としてのフランス語の地位が下がったからであろう。

ベルギーのフラマン語はオランダ語の一方言だから、オランダ語と基本的な違いはないけれども、やはりそれなりの違いがある。また地域によって微妙な差がある。またベルギーのワロン地方のフランス語は、フランスのフランス語とは違う。たとえばフランス本国のフランス語は数字の言い方が面倒で、「７３」と言うときには、「６０に１３を足す」という風に数えるが、ベルギーのフランス語には「７０」を言うのに、数字の7《セット》と結びついた「セプタント septante」という便利な言い方がある。スイスのフランス語も同様で、「９０」台も、フランス式に４×２０に残りの数を足すというややこしい方式を使うのでなく、「ノナント nonante」という、やはり9《ヌフ》からつくった簡単な言い方がある。80は、同じく、8の10倍で「ユイッタント huitante」である。だが、たとえばリエージュで「73」を「60＋13」などとフランス方式にいうベルギー人がいると、「あいつは気取り屋だ、ここはベルギーだぞ」と陰口をたたかれることになる。

国土は狭くても使う言語は入り乱れる、という事情は、ベルギーだけでない。スイスにもドイツやイタリアにも、いやフランスにもある。ヨーロッパには、同じ国の中ではあっても、実質的に多言語の国や地域が少なくない。人は自分の地域が使う言葉をおクニと思っているところがある。フランスとかベルギーとかいっても、国は、そこにある様々な地域をひっくるめた、種々雑多なおクニの集合体である、とも言える。地域ごとの違いは大きく、地域への愛はさらに深い。それは日本人の県民性というスケールを遥かに超える。

だからこそ、彼らはときに応じて国としてまとまり、団結する必要があるのだろう。しゃべって分かりあうことはそのための必須の要件なのだろう。しゃべることによって小さなクニとクニとがまとまる。それが繋がり合い、全体として国家がまとまる。ひとまとまりとしての国家とは、小さなおクニの意志的なまとまりであり、国家を常に確認しておくことは、昔からどうしても必要なことだったのだろう。

個性豊かな多くの地方と地域が集まってできたフランスは、地域と地方ごとに実に様々な差がある。使う言葉が違うだけでなく、その地で普段口にしている食べ物や料理も、かなりの違いがある。いわゆる「フランス料理」というものはない。あるのは、フランスの各々地域の地方料理の総称である。バター文化圏のフランス北半分とオリーブオイル文化圏のフランス南半分という大きな括《くく》りの下に、地域によるさまざまな食材と調理法の違いがあって、それぞれ自己主張をしている。そうした様々なおクニの料理の総体がフランス料理である。各地にはおクニの味があり、各地方の料理の仕方には、言葉に対するのと同様の、その土地の人々の愛着が強く刻み込まれている。

4. 消える声の力

私はベルギー留学の後、勤め先の制度のおかげでパリに三度住んだ。パリはベルギー以上に様々な国から来た人がいる。おたがいの交流を求めてなのだろう、おしゃべりの会は頻繁に開かれた。

しかしフランスの他の地方やヨーロッパの他の国と比べても、南仏はおしゃべりの会が多く、またこの地のおしゃべり会は一味違ったところがあるように見える。それは南仏が夏のヴァカンスの間だけ滞在を楽しむ「ヴァカンシエ」が集まる、夏休みの聖地であって、この地に集う人々には、そこでのおしゃべり会は、非日常の中の、さらにもうひとつ上の非日常的なものだという意識があるからなのだろう。彼らはこの時空間に自分たちのショーをつくろうと勇んでやってくる。ヨーロッパ人はサロン風の集まりが大好きだけれども、ヴァカンス王国南仏でのおしゃべり会は、ヴァカンスの間だけ開かれる期間限定の特設サロンなのである。

「サロン」は十七世紀にランブイエ公爵婦人のカトリーヌ・ド・ヴィヴォンヌ夫人がイタリアから持ち込み、その後フランスのあちこちで開かれていった社交の場である。サロンという語はもともと人を招く部屋のことで、身分の高い女主人は教養のある人を自宅の部屋＝サロンに招待し、客たちはその広間で文学論、演劇論などを交わした。ポンパドゥール夫人やラ・ファイエット夫人のサロンはよく知られている。ルソーなどの啓蒙主義者も、サロンに頻繁に出入りした。サロンは大流行し、フランスのみならず、ベルリン、ウィーン、スウェーデンなど、ヨーロッパの各地に伝播していった。

様々な分野で議論を披露しあうサロン風のおしゃべり会は、上流社会にとどまらず、フランスの一般家庭に広まっていった。今でも人々は週末になると、誰それの家に招待されたといっては、満面の笑顔になる。彼らの笑みの下には、持論を披露し自分を見せる真剣勝負の場にいくのだぞという意気込みが窺《うかが》える。こうした数々のおしゃべり会の中でも南仏での会は、もう二度と会わないかもしれない人たちとの会であると、みなが秘かに心のどこかで思っている点で、特別である。

偶然に出会った旅人たちとの集いという点で、南仏のおしゃべり会は、十四世紀にチョーサーが書いた『カンタベリー物語』と似たところがある。『カンタベリー物語』の設定は、カンタベリー大聖堂への巡礼の途中、たまたま同じ宿屋に泊まった人たちが退屈しのぎに、順にお話をしてゆくというものである。居合わせたのは、聖職者・貴族・平民など様々で、そこに宿の主人が加わる。こうして身分も職業も年齢や性別もまちまちな人たちが一堂に会して、それぞれ話をしてゆく。『カンタベリー物語』のつくり方は、ボッカッチョの『デカメロン』から影響を受けたとされるが、おしゃべり好きのフランスでは、すでにあった笑い話のジャンルの「ファブリオー*」や、「語りの（あるいはブルターニュの）レー**」などといった「物語る」伝統に溶け込んで、いよいよ広まっていった。

『カンタベリー物語』では、巡礼の旅人たちは、芝居の役者のような役割を果たす。一方、南仏に集う人々も、ヴァカンスで各地からやってきた旅人である。あるいは退職後、ゆったりとした暮らしを求めて南仏に移り住むことになった、やはり人生の旅をしてきた旅人である。現代の南仏に集う人々は、カンタベリーの宿に泊まった人たちと重なり合う。彼らは一人ひとり役柄をもって、おしゃべりの会という、その場かぎりの劇場の舞台に上り、話をしようとする。

そこではしゃべる声が重要な働きをする。声は人の力を預かっている。インゴルトは、「音は消えようとするときにしか存在しない」と言った。[***] おしゃべりのエネルギーは声となって外に出るが、しゃべって声となると同時に、消える。声は出したときに爆発して、なくなる。そして声はこの「消える」刹那に、最大限に力を発揮する。消えて力を出すものであるからこそ、人々は声に、自分の持てるエネルギーを注ぎこむ。彼らのおしゃべりは、冗談を言っていても、真剣である。インゴルトによれば、演劇とは、言語とリズム、声、神話、知覚をまどわす技法を駆使して観客を特定の心理状態に誘導する心理的プロセスである。[****] 真夏の南仏では、毎夜どこかの家で、この真剣に遊ぶ演劇が上演されて、人は自分という登場人物を演じてしゃべるわけである。

*フランスで十二世紀から十四世紀に広まった、現実的で庶民的な笑い話。テーマは売春や寝取られ男、聖職者の強欲さ、愚かな農民、死や糞尿にわたり、人間の卑猥さを徹底的に下品に面白おかしく笑い飛ばした。

**古フランス語でブルターニュ地方に口承で伝わる、おそらくケルト起源の恋愛・騎士文学の一形式。十二世紀後半にマリー・ド・フランスが物語としてまとめている。

***『ラインズ——線の文化史』、ティム・インゴルト著、工藤晋訳、左右社、七四頁。

****インゴルト、同右、三七九頁。

非日常的で特別な、すぐに消えてしまうおしゃべりの世界には、人をまどわすような、日常とは違うことが、ひょっこりと顔を出してくる。舞台には舞台の上だけで通用する約束事や誇張した表現があるけれども、それと同じような要素がここにも入り込んでいる。声にエネルギーを託してつくるおしゃべりには、嘘を呼び込むものが縫いこまれているのである。

ヤコブソンは言語機能の中に、「詩的機能」を入れた。そもそもギリシア語の「嘘」の語には、詩的創作を意味する要素が含まれていた。そしてこれと似た機能が、おしゃべりの会に潜んでいる。芸術作品はいわば、嘘をつくことでつくられるものであるけれども、おしゃべりの会でも、消えてなくなる声の力は、ヤコブソンの言う言語の詩的機能をつくりだす土壌を耕して、劇場づくりに参与している。実際、声の力は、次の章で見ていくように、嘘の仕掛けと構造に繋がっている。

Ⅱ 嘘をつく声

1.「語る」ことの種類

「おしゃべりの会」と呼んできているけれども、ここにはひとつのかたちがある。おしゃべりの会は、手土産をもってホストに挨拶をするところから始まる。ホストは客を、やって来た別の客に紹介する。招待客同士は軽く談笑して、前座のようなおしゃべりがあちこちで始まる。自分の立ち位置をさぐるジャブのようなおしゃべりは、おたがいに打ち解けてくるに従って、軽い「ぺちゃくちゃ」になり、そのぺちゃくちゃは次第に、自分の意見や考えを朗々と述べる密度の濃いスピーチつまり「演説大会」へと移行していく。この演説の応酬と饗宴が、実際には食事の会のメイン・ディッシュとなる。

フランス語であえて分けるとすれば、会の最初のあたりは「ババルデ bavarder（ぺちゃくちゃおしゃべりをする）」とか「ディスキュテ discuter（あれこれ話す・おしゃべりをする）」というもので、舌が滑らかになっていくにつれて、「パルレ・ド parler de（何か決まったテーマについて話す）」に変貌してゆく。この流れは、どこもたいてい同じである。おしゃべりの会は、食事をしながら、「ババルデ」や「ディスキュテ」、「パルレ・ド」そして事の顛末を話す「ラコンテ raconter」など、様々なしゃべるかたちで構成される、にわか仕立てのしゃべる劇場というわけである。

人はこの日のために、日頃から小噺《こばなし》を仕込んでいる。話し方の技術やレトリックも熱心に研究していて、いかに聞かせるか、気合いを入れて準備をしていて、晴れの日ともなれば、それらを懐に勇んでやってくる。手土産の菓子にも、うんちくがたっぷり練り込まれている。みな、自前の小じゃれた持ちネタを披露する機会を見据えている。私はベルギーに留学したてのころ、若い学生たちが気の利《き》いた手製のジョークを常備していることに、軽いカルチャーショックを覚えたものだった。

話す内容が変わってゆくと、会はときに口角泡を飛ばし合う討論会（デバ débat）の様相を呈してくる。その興奮が、デザートが出てお茶が出る段になるころには、次第にクールダウンして、会はお開きになる。こうした、始まりがあって終わりがあり、順序立っていて、しかも色々な形のしゃべりを積み込んだ「おしゃべりの会」を、日本語で一体、何と名づけたらよいのだろう。冒頭で少し触れたように、「お話をする会」とか「語りあう会」と言えばいいかというと、少し違う。公開前提のシンポジウムでもない。いわゆる「トーク」とも違う。「団欒」

とも違う。「おしゃべり」という日本語はどうも軽い響きになってしまって困るのだけれども、ほかにぴったりと適《あ》う日本語が見つからない。

いやいや日本だって飲み会では大いに人と話し議論するではないか、と言われるかもしれない。けれども、南仏の自宅に招いてするおしゃべり会には、日本の「飲み会」とは、手順においても枠組みにおいても、そのための下ごしらえにおいても、かなり違ったところがある。日本の飲み会は、今はたいがい外食で行われることが多いし、そこでは、程度の差はあるけれども、おしゃべりの大会になるというよりは、酒を飲んで和気藹々《あいあい》と和《なご》もうとする傾向が高い。

そもそも日本では、酒は祖先の霊魂や神々に献上する祭りのためのものだった。酒は神々とともに飲むもので、ひとりで飲むようなものではなかった。酒に酔うことで神がかりになり、神のお告げを人々に伝えるということもあった。神のなめた酒をともに飲みかわすことは神に近づくための神事であり、それが酒宴になり、酒を飲みかわしながら語り合うことになった。私たちの酒席はどうしても何かについてしゃべるという要素の方は少な目になる。どちらが良い悪いという問題ではなくて、文化の違いである。*

I章の冒頭でも触れたけれども、南仏でのおしゃべりの会を、日本語でただ、「しゃべる会」とすると、いささかニュアンスが違ってくる。接頭辞「お」は、「お」のない一般的な「しゃべり」とは違う。「しゃべり」としてしまうと、具体的で現実的な会のイメージがわき上がってこない。あえて「お」を入れて「おしゃべりの会」とか「おしゃべり大会」とする方が実態に近い。「〈お〉しゃべり」とすることで、「話」・「話す」や、「語り」・「語る」とは違う、彼らが現実に行う会の〈かたち〉に近づくように思う。

フランスの言語学者エミール・バンヴェニストは、発話行為論という視点で言語を分析して、話された言葉を、〈ディスクール〉（言述とか説話と訳される。「言われたこと」の意味）と〈イストワール〉（英語で「ヒストリー」。つまり「物語られたこと」）とに分けた。思いっきり約《つづ》めていえば、「（話し相手に対して）言葉にして出したこと」と「物語ったこと」とは違う、ということになる。言葉に出されたことに内容の違いがあることは、おそらくたいていの言語に共通することなのだろう[**]。

日本にもしゃべりの種類はいろいろある。日本語の「語る」の語源は「かたどる（象る）」

＊イギリスの場合、おしゃべりの会の様子は大陸とは少々違う。イギリス人がおしゃべりをする中心となるお茶会は、「酔っぱらわせず、陽気にさせる」（W・クーパー）ものであるが、それは、十八世紀に会食後、男女は別々の部屋に入り、男性はアルコールを、女性はお茶を飲むという習慣を経た後にできたことのようである。

＊＊バンヴェニストの言う、「ディスクール」と「イストワール」の有名な区分については、『一般言語学の諸問題』岸本道夫監修、みすず書房、Ⅲ「構造と分析」を参照されたい。

だったようで、「象」、「型」、「像」と関係がつけられる。つまり「語る」は、〈かたち〉を志向して「もの」を語る。「もの」には始まりと終わりがある。ところが「放つ」を語源とする「話す」の方は、「放す」であり、「離す」とも通じる。つまり「話す」には、ある距離をもって自分と向き合っている相手に向かって声を放つという、距離の意識がまずある。これらに対して、普段の、なんということのない「雑談《はなし》」、「ダべり」においては、対峙する相手との距離を意識することは多くはない。雑談には、距離感を感じるよりも、群れて同じ場に寄り集まって言葉を出し合っているという性格が濃い。それゆえ、途中で話の中にいた誰かが出ていったり加わったりしても構わないし、そもそもそこでの話には始まりも終わりもない。雑談とは、ワイワイ、ガヤガヤしながらみなと混じり合い、お互いに離れすぎず近づきすぎず、声を出し合うものである。

南仏の「おしゃべりの会」でのおしゃべりは、始まりも終わりもない「雑談」も、「ダべる」も、「語る」も、ときには「騙る」も、「話をする」も、「話す」も、「物語る」も、「議論」も、「討論」も、「スピーチ」も、とにかく様々な形での、声に出して話す一切を包み込んでいる。しかもそこには全体として、始まりこそたわいのない雑談や小噺大会だったものが、次第に持説を人の前で朗々と述べるスピーチ大会に移ってゆくという、大きな、そしてかなり整然とした流れの、ゆるく定まった〈かたち〉がある。

2. おしゃべりの相手・演説の聞き手

おしゃべり大会の会場は、招待客とホストがつくる非日常的で祭典的な、閉じられた〈ムラ〉である。ここで人は、ムラの中のムラ人たちに向かってしゃべる。おしゃべりの会にできたムラでは、話す相手は、そこに招かれた人なのだから、決まっている。おしゃべりの会のおしゃべりは、まだ見ぬ不特定多数を相手にするのではなくて、目の前に現実にいる相手に向けて、声を出すものである。

この会に招かれることは、観劇に行くようなものでもある。それも、ただ観《み》にいくだけでなく、自分が演じるために行く。その芝居には筋書きがあるわけでも、プロットがあるわけでもないのだから、芝居や演劇に行くというよりも、ショーを見に行くと言った方がよいのかもしれない。招待者は招待された客であるとともに、その閉じられた空間で演じられるショーや芝居を演じる役者か、あるいはショーマンである。ホストの家はにわか仕立ての役者たちを集める芝居小屋で、そこは客にとっては、自分という役柄を演じながら持論を披露する、晴れの演説の舞台となるわけである。

ヨーロッパ人は根っからの演説好きが多い。上手い演説を、するのも聞くのも、ともに大好きなようで、シェークスピアの演劇『ヘンリー五世』の「聖クリスピンの祭日」の演説のようなものともなると、みなよく知っていて、フランス人でさえ暗唱してみせたりする。この演説は、兵士に変装したイギリス王ヘンリーが、戦いを前にした兵士たちを鼓舞するもので、王の見事な言葉に力づけられた七千人のイギリス兵は、二万の重装騎兵のフランス軍をアジャンクールの地で打ち破る。レトリックの伝統をもつヨーロッパの人々にとって、演説の手法は子供のころから身につけていくものなので、そのため彼らは人前で話すことに幼いころから興味をもち、演説好きになるのかもしれない。十九世紀半ばからロンドンのハイド・パークには「スピーカーズ・コーナー」ができていて、集まってくる人に向かって自由に演説することができる。

ヒトラーもまた、人心を操る演説に長けていた。彼が短期間に人心を掌握した理由のひとつは、スピーチの巧みさにあった。ヒトラーは党大会の演説を何度も行い、その度ごとに聴く人を酔わせ、民衆の心をいよいよ鷲づかみにしていった。ドイツの中央あたりに位置するニュルンベルクには、巨大な負の遺産、帝国政党議会記念センター（ドク・ツェントルム）がある。恐ろしく広いその施設は、熱狂の渦に包まれた党大会を彷彿させる。一九三三年の八月末から行われたナチ党大会では、四十万近い人がニュルンベルクに集まった。この巨大施設を埋め尽くす人々の前で、ヒトラーは壮大な弁舌を披露した。現在施設は、悪夢を繰り返すまいとするドイツ政府の意図のもとに歴史資料館となっていて、一般に公開されている。

しかし相手が対峙する一人だけであっても、遠くの人など霞んで見えない広漠としたコロッセウムでの演説であっても、話す相手・対象は、現実にいま、そこにいる人である。詐欺師たちも人を騙《だま》すとき、その標的をしっかりと見据えている。芸術は嘘をつくと言うけれど、芸術作品は、それを見たり聞いたりしてくれる人が現実に眼の前にいるわけではない。相手は不特定の誰かである。しかし嘘や演説は、詐欺と同様、なによりもまず、実際にその場にいる人を相手に、声を出して聞かせる。ぺちゃくちゃという雑談にせよ、口角泡を飛ばすスピーチ大会になるにせよ、おしゃべり会という場は、話の相手が決まっている点で、嘘をついて騙《かた》りをする状況と似ている。

3．嘘の定義

もっとも「嘘」の定義は何かとなると、そう簡単には言えない。「嘘」という語を『日本語大辞典』（小学館、第2版）で引くと、「本当でないことを、相手が信じるように伝えることば」、「事実に反する事柄」などとある。しかし嘘が「事実と違うこと」である、とは言えても、「本当でないこと」が嘘である、とは言えないし、や「事実」と違うことを言うのが、即、嘘をつく、ということにはならない。

「事実」と違っていたから嘘になるともかぎらない。私が大学に入りたてのときのことである。新入り大学生は、単位の取り方など新しいシステムの事情が分からなくてうろたえていた。新入生はみな同じように困ったのだろう、女子はなんとなく、あちらにひとつこちらにひとつと、ゆるいグループをつくっていった。そのうち自然と役割分担ができて、姉御肌のリーダー格や、後についてゆく人やらに分かれていった。どのグループにもたいていひとりぐらい、すばしっこい学生がいて、くの一のように床を這い、天井に張りつき、あちこち走り廻っては情報収集をした。私のグループのくの一が、あるとき血相を変えて、メンバーたちのところに駈けつけてきた。そして真っ赤な顔で息をゼイゼイさせながら、「〇〇の提出は今日までだってよ」と叫んだ。大変だ。それは非常に重要な提出書類である。一同、どうしたらいいのかと、青くなった。

しかし実際には「今日まで」ではなく、書類の提出は「教務で」ということだった。くの一はどこかで、「キョウムで」を「キョウマで」と聞き間違えたのだった。大慌てさせられた学生たちには迷惑な虚偽情報となったわけだけれども、早馬で馳せ参じた彼女にとっては、それは良かれと思ってなした行動以外の何ものでもなかった。こういうことは、まあときどき耳にする。嘘ではないが、人によっては嘘をつかれたと思うことがあるかもしれない。非常時や大災害中のデマによる惨劇も、聞きまちがいが発端になっているものがある。

嘘を論じるとは、おそろしく難しい。なにしろかのソクラテスでさえ、話の相手を混乱させることになった、すこぶるややこしい問題なのである。そのときの対話の相手はエイテュデーモスだった。ソクラテスは例によって、彼に質問をして「それは何か」を考えさせてゆく。ソクラテスは嘘をつくことの正否を、まず、人間の仕事を「正義」の仕事と「不正」の仕事とに分けて考え、次に、敵に対するときと友人を相手にする場合とでは、区別が必要であると言った。故意に欺くのと、欺くつもりでないのに結果として嘘をついたことになる場合と、物事の正しさをわきまえて嘘をついてしまう場合とでは、状況は違ってくるとも言った。しかしエイテュデーモスは混乱していって、そのうち嘘とは何なのか、わけが分からなくなってしまう（クセノフォーン、『ソクラテスの思い出』）。

プラトンは嘘に対して基本的に否定的だった（『小ピッピアス——偽りについて』）。けれども、狡智によって騙すような場合でないのであれば、すべてがすべて、否定されるべきとはいえない、とも考えていた。

ヨーロッパにおいて、嘘についての明確な理論は、四世紀後半から五世紀にかけて活躍したアウグスティヌスにおいて現われる。その著『告白』の中で彼は、「嘘」に対して「欺こうとする意図をもって行われる虚偽の陳述」という定義を与えて、嘘をつくことに反対した（「嘘をつくことについて」と「嘘をつくことに反対する」）。すべての嘘は罪である。アウグスティヌスのこの厳格な立場が、その後のヨーロッパの嘘認識の通念となっていった。つまり、嘘とは意図や意志をもって偽りを言うことである。

とはいえその後も、嘘の定義が簡単に収まったわけではない。モンテーニュは嘘が無制限であるとして、もし嘘が真理のようにたったひとつの顔しかもたなのであれば、私たちはおたがいにずっとよい間柄でありえるのに、と言った（「嘘つきについて」、『エセー』）。ルソーは嘘を、欺瞞、詐欺、中傷に分類して、自分も他人も害さない嘘はウソではなく、虚構《フィクション》であるとした（『孤独な散歩者の夢想』）。ルソーにとって、嘘は「寓話」であり、「フィクション」、つまりつくりものである。ルソーの嘘論は、政治的な意味合いと文学的な意味合いとが混ざり合っていて、かなり分かりにくいのだけれども、彼にとっての嘘と欺瞞は、権力そのもののことだった。

十八世紀のドイツにおいては、嘘とは他人を害するもののみを指すという考え方が主流になっていた。啓蒙思想の代表格であるヴォルフは、他人に害をもたらす非真理の発言を嘘と定義する。害をもたらさないのであれば、それは嘘ではない。嘘をつくことが最善という状況であるなら、嘘は義務であるとさえ言う（いわゆる『ドイツ語倫理学』）。バウムガルテンは偽りの発言を、自分の中にある徳の義務に反するものと、法を順守する義務に反するものとに分けてその両方とも避けるべきだとした上で、他人を害さないのであれば、事実と異なっていてもそれは嘘とは言えないとしている（『哲学的倫理学』）。かなり緩やかとも言えるこうした嘘の定義は、十七世紀のオランダ人法学者フーゴー・グロティウスの考え方を引き継ぐものである。グロティウスにとって、真理ではない意図的な発言がすべて嘘と見なされるわけではない。たとえば盗賊に押し入られて「金のありかはどこだ」と脅されて嘘を言ったとしても、それは厳密には嘘にはならないし、子供や精神異常者に嘘を言うことは赦される（『戦争と平和の法について』第三巻第一章）。

こうした中、カントは厳格なアウグスティヌスの立場に戻る。カントは嘘を徹底的に断罪する。嘘をつくことは絶対に悪い。カントは「人殺しに追われている友人を助けるためであっても、その人殺しに対して嘘をつくことは誠実の義務に反している」とさえ言った（『人間愛から嘘をつく権利と称されるものについて』）。

とはいうもののカントにとっても、すべての嘘が許されないのかどうかという問題には悩まされたようで、ときに揺れを見せる。法的な嘘と倫理的な嘘は同じではないからである。しかし嘘が悪いのは何よりもまず、人間性と誠実の法則を汚すからである。カントにとって、真実を言うことは人間の無条件的義務である。嘘は「自分自身に対する義務違反」であり、この原則に例外を認めてはならない（『人倫の形而上学の基礎づけ』）。カントにあっては、嘘は絶対的な退廃で、人間の尊厳の否定であり、人間本性の悪徳として非難されるべきものだった。

『黒猫』で有名な、探偵小説の祖とされるE・A・ポーは、嘘を定義づけないで、「人間は詐欺を働く動物である」と人間の方を規定している。けれども詐欺は嘘とは同じでないし、人を欺くことがイコール嘘、というわけではない。それに嘘は倫理上だけの問題でもない。

精神分析学者のフロイトは、子供の嘘には特別な意味があるとして、無意識から嘘を捉えようとした。そしてある例を挙げる。七歳の少女がイースターの卵を塗るための小銭を欲しがった。彼女は父親からお金をもらったが、嘘のおつりを父親に返した。大きな額は返したが、小銭の方をくすめ取った。そこで父親は大いに怒った。——フロイトによれば、おつりの嘘をついたという少女の行為の源は、三歳のころに遡る。彼女の子守は男と密会していたが、子守は幼い少女に小銭を与えて、その密会を黙っているようにと言っていた。幼い少女にとって、誰かから小銭を受け取ることは、肉体的な関係を意味したのである。こうして七歳になった少女は父親からお金をもらうと、大きい額は返して、小銭の方をくすめた。小銭は彼女にとって、こっそりと裏切って行う肉体関係を意味していた。小銭をくすめることには少女の父親への感情と、イースターの卵が連想させるユダの裏切りが結びついていた(「子供のついた二つの嘘」)。少女の嘘は自分では全く思い当たらないところから出てきていたわけである。このようなことは子供のつく嘘の範囲にとどまらないのだろう。精神分析学や哲学そして心理学の分野などで広く考察されてゆく嘘は、いよいよ複雑で定義しにくいものとなってゆくように見える。

ジャック・デリダは『嘘の歴史　序説』という小著で、嘘論の転換点を示した。ここで彼は「嘘」ではなく、「嘘をつく」を考えることで、嘘を行動と結びつけて、嘘の新たな地平を開いた。[*] デリダによる新しい地平の嘘論については、Ⅲ章で再び触れることになるので、ここではデリダの言う「古典的な」嘘の考え方までをまとめるにとどめておく。つまりヨーロッパの古典的な嘘論においては、嘘はギリシア語の「嘘／プセウドス（pseudos）」という語義に拠っているもので、偽りであるけれども、それはまた、虚偽、狡智、誤謬、欺瞞、詐欺等々の数多くの意味合いを含んでいた。嘘の定義が難しいのは、これらのもつ多義的な意味合いの中で、ときに相反する要素が顔を出して、おたがいに反目しあうことがあったからである。

4．日本人の嘘

それでは日本人にとって、嘘はどのようなものなのだろう。日本人は正直だから嘘をつかな

＊『嘘の歴史　序説』、ジャック・デリダ著、西山雄二訳、未来社、一〇頁。

い、ということなどない。嘘をつき、人を欺くことは、日本でも昔からあった。

戦国時代に日本を訪れた宣教師のルイス・フロイスは、日本人は面と向かって嘘をつくと言った（『ヨーロッパ文化と日本文化』）。そして、日本人は挨拶を偽りのほほえみで交わす、と憤慨している。

幕末の日本にやってきたイギリスの外交官オールコックも、日本人の悪徳の第一は嘘で、あらゆる階級の日本人が真実を無視すると言った（『大君の都』）。日米修好通商条約を結んだタウゼント・ハリスもまた、日本人は素直で真実の政策の価値を知らない。日本人は大嘘つきで、従って彼らを信用していいかどうか分からない（『日本滞在記』）と、言いたい放題である。さらに或る日本人からの手紙を見たときには、完全に頭に来たようで、「これは日本人が奸智と狡猾と嘘偽に満ちていることの立派な見本である。あらゆる詐欺、欺瞞、嘘言、暴力が、彼らには正当なのである」などと、それはもうひどい書き方をしている。

いやいや、外国人の目を借りるまでもなく、日本では姦計も策略も、昔から、しかも神代の時代から大いにあった。スサノオは大蛇ヤマタノオロチを退治するとき、生贄《いけにえ》になるクシナダヒメを、歯の多い櫛に変えて自分の髪に挿して隠し、巨大オロチの八つの頭が別々になるように、仕掛けておいた塀で酒桶に誘導すると、八回醸《かも》した強い酒で酔わせ*、オロチが寝入ったところを斬り裂いて殺したのだから、いわばだまし討ちをしたわけである。

相手を欺いて嘘をつく手法を身につけることは、とりわけ戦国時代には切実な問題だった。嘘は、如何にして味方の兵力の犠牲を減らして相手に大きなダメージを与えるか、という重要な戦法だった。それゆえ、嘘をうまくつくことは、技術としても武力としても自分の保身のためにも、武士にとって必須のものだった。上手い嘘となると、嘘をつかれたということさえ本人には分からない。そうした巧みな嘘の戦術を、彼らは練りに練ったのである。

「やまと魂」ということばがあるので、日本人は正直でなければならないし、ずっとそうだったというふうに思ってしまうけれども、正々堂々・質実剛健・実直で正直で、嘘をつかない、桜のごとく潔く散る、というかぎりでの「やまと魂」は、近代日本の富国強兵政策と軍国主義の中でつくられた、かなり新しい概念のようである。もともと「やまと魂」という言葉は、実生活の実務的な才知、知性的な能力の意味で、そのときどきで臨機応変の答えができる、ということだった。『源氏物語』の「少女《おとめ》」巻には、大和魂という言葉が漢才に対するものとして出てくるが、この語は、中国のものを日本のものとうまく折衷して要領よくとり入れるとい

＊この酒は口で噛んで唾液アミラーゼでつくる口噛み酒だったと思われる。古代人は酒を醸すことを「かむ」と表現した（諸説ある）。オロチが飲んだ酒は醸すことを八回（古代人の感覚では何度も）繰り返した酒であるけれども、この手法による酒がどれほど強いアルコール濃度になったのかは分からない。また、ある程度の数を重ねると八回としてしまうことも、嘘といえば嘘である。

う意味だった。日本の歴史をひもとくと、狡知や策略に対する道徳的な偏見は強くないどころか、むしろ積極的に評価されていた感さえある。

もっともここでも注意しないと、日本の嘘もまた、姦計、計略、欺瞞などと一緒にごちゃまぜになり、嘘の輪郭がぼやけてしまう。偽物、贋作も嘘のひとつである。偽物とか贋作とかいうと、すぐに有名ブランドのコピー製品が思い浮かぶけれども、贋作か真作かという真偽問題には、昭和のなかごろに世間を揺るがした、「佐野乾山」の真贋論争（一九六二年）のようなものがある。栃木県佐野の旧家で見つかった大量の焼き物が、真作のごく少ない尾形乾山の焼き物かどうかをめぐって、内外の美術界、陶芸界、批評界、文芸界を巻き込むことになった昭和の大論争である。また、美術作品の真贋論争はよくあるものだけれども、作品がその作家の描いたものか、あるいはそれを真似た偽物なのかというものも、嘘の定義が招く問題のひとつである。あるいは、優秀な芸術家が若いころに習作としてつくった模写や摸彫が、後世の人によって、贋作だ偽作と言われてしまうことがある。出来の悪い駄作は、いくら天才の作であっても、嘘にはならないのか、という問題もある。

日本語の「ウソ」は、一説によると鳥の名前に由来するようで、嘯く（うそぶく）とは、ウソ鳥の鳴き声に近いことだったという。柳田国男は「不幸なる芸術」で、「ウソ」という日本語は三百年から四百年以前の記録には残っていないとしている。しかし嘘がなかったわけでは、到底ない。「嘘」という語を使い出したのは中世以降で、それまでは「ソラゴト」や「偽り」という語が使われていた。

日本語の嘘は古語の「ウソブク」が転化したものだったとも言われる。また「ウソブク」は口笛を「吹く」というところから来たともいうし、嘘とは独り歌を歌うという意味でもあった。また、目に見えない異界の存在に対して行う、呪的な行為を指すことがあったとも言われる。いずれにせよ、嘘は声にして、言葉にして外に出される。そして声とは本質的に呪術的で祭事的なものである。

ヨーロッパと同様、日本の嘘を見てみても、嘘の範囲や意味するところはきわめて広い。嘘全体を標的にするのはむつかしい。それゆえこのややこしい変幻自在の嘘を扱うのに、本書では嘘全体ではなく、おしゃべりの中でついつい出てくる嘘を糸口にこの問題を考えていこうとしたわけであるが、この糸口は、嘘が「つく」もの、つまり声に出すものであるという点からすると、案外本道を選んでいたように思われる。

とはいえ「おしゃべり」に的を絞るとなると、日本人のおしゃべりと南仏人のおしゃべりは、事情が違うということになる。日本人のおしゃべりのお膳立てややり方は、南仏のおしゃべりのかたち《フォーム》とは違う。フランス人が「食事にどうぞ」といいながら、その内実がおしゃべりをすることであるようには、日本での会食や宴会は進行してゆかないからである。

第一、日本では、食事中のおしゃべりは、はしたないこととされてきた。現在のわたしたちがあたり前におこなっているような、談笑しながら食事を楽しむというスタイルの定着は、それほど古いことではない。おしゃべりと飲食がセットになるのでなければ、おしゃべり会での嘘も問題になり得ない。

なるほどコンパというものがあって、みな飲み食いしながらわいわいとしゃべっているではないか、昨今と昭和の昔とでは、事情が違うのだぞ、と言われるかもしれない。宴会では、みな冗談を言い合いながら話す。しかしそうした場は、どうも「飲み食い」の方が中心になっていて、べろべろに酔うことも、まあ許されるところがないわけではない。

よく言われるように日本人は昔から、酔っ払いに対してかなり寛容だった。十六世紀に日本に来たポルトガル人宣教師のルイス・フロイスは、日本人がべろんべろんに酔っ払うのを誇りにさえしていると、驚いて本国に報告している。彼らにとって、酒を飲んで酔っ払うことなど、考えられない恥辱だったからである。

「宴《うたげ》」という語を使うにしても、そこにまずあるのは酒宴の意味だった。酒を飲んで歌い、ともに手を打つ（拍上《うちあ》げる）ことが宴だった。すでに述べたように、酒に酔うことは神がかりになるという意味合いがあった。コンパでなくても、「一杯、飲みに行こう」は、本当に「酒を飲んで、ちょっとだけ酔う」ことの方に軸足がある（か、あるいは全く逆に、何か重要な何かを告げたい）ことが多い。ひとしきり飲み食いすると、次はカラオケに行こうということになる。シラフでしゃべるのは気恥ずかしいが、歌うことでなら感情を出せるというところがあるのだろう。

いや、考えてみると、私たちが飲み会でつい「酔う」ことに重心が行ってしまうのに対して、南仏の人たちは「おしゃべりの会」という非日常的なムラをつくって、そこで雑談をし、議論を戦わせて、話して演説する舞台の上で「酔おうとして」いるのかもしれない。*

5．短いことと本音

日本人はおしゃべりをするよりも歌をうたってきた。日本人は自己主張してしゃべりまくる共同体をつくってこなかった。べらべらと本音を言うことはどうもはばかられた。しかし、歌

*もっとも、同じヨーロッパ人であっても、イギリス人の茶の文化は南仏のおしゃべり文化とはいささか異なる。酒のアルコールが人を非日常的で開放的な陶酔に向かわせるものであるのに対して、茶のカフェインは、覚醒の中に日常生活の充実と安定を与えてくれるものだからであろう。

でなら、思っていることを言える。恋も恨みも辛さも、募《つの》る思いや本音も、歌にしてなら口に出すことができる。

うたのはじまりは呪術的で祭事的な要素が大きかったのだろう。そして祭りのためとともに、人は声に気持ちを託してうたをつくってきた。『万葉集』には様々な階級の人による、幾多の形式の歌が収められた。その後、平安時代の前期、『古今和歌集』が編纂される。万葉のころの、野太い声の響きが聞こえてくるような歌と、古今集のころの、文字を目で追うことに軸足を移す和歌を並列して論じることは、なかなか難しいところがあるけれども、それでも歌うことの根は、ふたつの歌集の間で変わっていない。古今集の編纂者のひとりに任ぜられた紀貫之は、この勅撰和歌集の冒頭に「仮名序」、つまり仮名による序文を書いた。そこには、

やまとうたは、人の心を種として、万の言の葉とぞなれりける。世の中にある人、ことわざ繁きものなれば、心に思ふ事を、見るもの聞くものにつけて、言ひ出せるなり　花に鳴く鶯、水に住む蛙の声を聞けば、生きとし生けるもの、いづれか歌をよまざりける。

とある。つまり、和歌は人の心をもとにさまざまな言葉となったもので、この世に生きている人は、心に思うことを、見るものや聞くものに託して言葉にする。うぐいすやカエルの声を聴

いていると、生きているものて歌をうたわないものはない、としている。

生きとし生けものすべてが歌をうたうとする考えを、日本で最初の歌論とされる「仮名序」は声高に宣言したのだった。ここに誇らかに記された見方は、その後の日本人の心に深く根を張るものとなってゆく。あるいは、古今集が編纂され貫之が仮名序を書いたこのあたりに、日本は日本になっていった、と言えるのかもしれない。わたしたちのおしゃべりを南仏式のおしゃべり会のおしゃべりと、並べたり比べたりすることはうまくいかないとしても、比べるとすれば私たちには歌があった、ということになるのだろう。

ただし特殊な例を除いては、日本の歌はどこまでも長く続いてゆくというものではない。そもそも歌はひとつのまとまりをつくる形式であって、繰り返すことのできるものだから、それほど長くはならない。鈴木大拙は日本文化の特徴として、単純性を挙げている。単純性は短さをつくる。日本の歌は短い。いや、むしろ短いことで、巧みな歌がつくられた。和歌は音節が五、七、五、七、七で、俳句となると五、七、五と、さらに短い。「短い」という制限が、語句を工夫し、思いを歌にしていった。

そしてこの「短くあれ」という桎梏《しっこく》が、普段のわたしたちのおしゃべりの仕方に無意識的に引き継がれることになる。日本人のおしゃべりは複雑になりすぎると、わざと切ろうとする。ボケとツッコミによる近代の漫才では、ツッコミがボケに切り込んで流れを止める。流れている談笑はツッコミの「切り込み」で突然せき止められる。こうして流れの方向は切り替えられて、笑いを呼び込む。茶々をいれて話題を途切れさせたり、話の腰をわざと切ったりすることもある。周りから多少白い目で見られるダジャレや語呂合わせ、オヤジギャグや、現代の世相を自虐的にうたうサラリーマン川柳も、短さがつくる効果の例であって、思わぬところに現れる短い言葉の重なりや語呂合わせが、人を面白がらせる。突如出てきたコントラストが人を驚かせると、話は突然切断され、そこが「オチ」となって、ここでお仕舞い、ということになる。

　アンリ・ベルクソンは『笑い』の中で、「転ぶところを見ると人は笑う」というところから出発して、笑いを論じた。そして「笑い」とは社会的な制裁であるとした。歩いている人がいて急にコケると、人は思わず笑う。それは、転んだ人が現状に適応できないという、「機械的なこわばり」に対する社会的懲罰であって、笑うことで人はそのこわばりをただそうとしているとベルクソンは分析した。

　日本でも転ぶ人がいると笑う。人がコケるとおかしい。けれども日本人の笑いは、コケたりスベッたりするより、落ちる方が、レベルとして断然上だとみなされる。落語や漫才、笑劇にはオチの場面があって、観客が笑うと、話はそこで切りがついたとみなされる。聞いている人は、ああなるほどと合点がいく。「落ちる」ことが人を笑わせる。落ちることで終わりがつくられるわけである。日本での宴会のおしゃべりを見ていると、たとえそれほど面白いオチではないとしても、オチの連続と短めの話が連なっていることが多い。

オチは日本語の特徴に負っているところが少なくない。江戸時代に大流行した地口《じぐち》や洒落《しゃれ》も、日本語の同音異義語や、言葉の二重性の多さを拠りどころにしてきた。日本人のユーモアは、ちゃかしたり、はぐらかしたりしながら、意外なところで語の合致点を見つけさせ、場合によってはオチで相手に軽い一撃を与えて終わる。

南仏の人々のおしゃべり会でも、招待客たちは小噺を用意していて、さまざまなユーモアで人を引きつける。けれども彼らはそうした笑いをところどころにあしらいながら、オチで笑わせて、そこで話を打ち切ってしまうことを好《よ》しとしない。そこで話を終わらせるのは合理的でないと考えるわけである。小噺のようなちゃかしのユーモアが出て来ると、獲物が来たとばかり、反撃の砲火が上がる。彼らのおしゃべりのスパンは長くて粘っこい。

一言でユーモアというけれども、ユーモアの幅は広い。日本人と南仏でのおしゃべりの質の違いは、広義のユーモアの出し方に見える。たとえば日本はイグノーベル賞の継続的な受賞国になっている。この賞の精神はフランス式の合理主義的なエ、ス、プ、リ、の精神とはかなり異なる。イグノーベル賞受賞のもうひとつの大国はイギリスであるが、亡霊や幽霊が次々と出て来る物語を量産していったイギリス人のユーモアの精神は、どこかで日本人の笑いと近いところがあるのかもしれない。

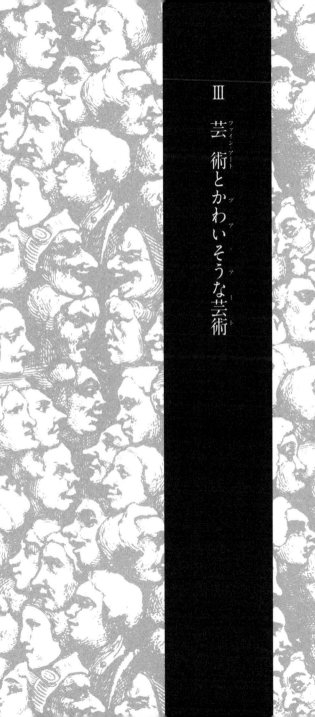

III 芸術《ファイン・アート》とかわいそうな芸術《プア・アート》

1. お芝居と嘘

おしゃべりの会の一幕《ひと》一幕や、いのしし料理の画家のトイレ玄関や、レイラのファー・ブルトンの埋葬儀式を見ていると、南仏の人たちは日常的に役者意識をもって生活をしているのだと、つくづく思う。ヨーロッパのような、民族と言葉が複雑に絡み合い、方言と文化が入り交じるところでは、人は頻繁に会って、おたがいに集まり、まとまりを確認する必要があるからで、そうした集まりを、より豊かで面白く、意義のあるものにするために、みな日頃から自分を演出する仕方を探って鍛錬しているのかもしれない。いやいや、演出する、どころではない。モンテーニュは、フランス人は嘘の修練を徳であるかのように思っているし、偽装はフランス人の特徴である、ともしている（「嘘をつくこと」、『エセー』）。

もっとも、日本もお芝居をするという点では引けをとっていない。柳田国男によれば、嘘をついて楽しみ合うことは、日本の文化だった。嘘をつく技量が高ければ、それだけで称賛された、とも言う。芸術は嘘をつくというけれど、柳田によれば、嘘は自由な空想の産物で、「むしろ何ものよりも先に芸術化すべき素質をもっていた」(「ウソと文学との関係」)。そして柳田は「絵そらごと」の絵は真実を超越しており、小説や芝居は絵よりも進み方は遅れていたけれども、そのうち自由すぎるほど自由になっていった、としている。

柳田国男は嘘を積極的に評価する。嘘をつくには卓越した技術が必要であるし、嘘の技は常に磨いておかなければならないものだとする。それどころか、嘘の技術は快楽として、将来の必要性に備えてスポーツ化させて、この芸術を守っていった方が、経済の上から見ても利益があるとさえ言う。

もっともこうは言ったものの、自身はなかなか思うようには行かなかった。あるとき柳田は、関西出身のたくましい金歯の男に出合い、結局、この男に詐欺被害に遭う。具体的なことについては書いていないのでよくは分からないが、男のやり口はなかなか手間がかかっていたようだ。手に入れる額の三分の一もの金と大変な時間をかけて、細心かつ大がかりに詐欺の準備をしたという。そしてインチキとサクラをどんどん改良しながら、罠を仕掛けてきたというのである。

柳田が最初に男と会ったのは、自身が樺太に出発する前の小樽の港だった。男は親切にも、樺太は水が良くないから炭酸水をお持ちなさるのがいいと言って、柳田の乗る船が出る間際に、縄でくった炭酸水を一ダース届けてくれる。樺太に着いてみると水は非常にいいので、柳田はまわりの人から笑われる。それでも金歯男は、アザラシの皮やらラッコの皮やらを手に、さらに接近してくる。そして、「アザラシはカバンなどに張るのはもったいない、是非チョッキに仕立ててごらんなさい。私も着ていますがなかなかようございます」などと言い寄る。柳田はあまりにも長い間あれやこれやといろいろなことをされるうちに気味が悪くなって、いっそのこと早く騙してくれと思う。そのうち男は本当に柳田を騙して金を奪った。ところが柳田は騙されてやれやれと思ったという。そしてこの事件以来、柳田家では、想像してみると愉快そうだが、まずだめだという予測がつく場合に、「アザラシのチョッキを着る」という自家製の諺ができたと、「不幸なる芸術」に書いている。

　しかしそれほどひどい目に遭ったけれども、柳田国男は嘘を擁護して、嘘とは、技術が要るのになかなか評価がされないかわいそうな、つまり「不幸な芸術」である、としている。「嘘をつくな」と言われて育ってきている人ならぎょっとする言葉であるけれども、人がもてはやす「芸術」は、言ってみれば、嘘でできたつくりものである。ところが同じようにつくられたものでも、本家の嘘の方は、どうも扱われ方が厳しいのは、確かに不幸なことである。

　それは、嘘が基本的に相手に損害を与えるものだからであろう。しかも嘘は跡を残さない。

同じ嘘でも、芸術はつくことでできる作品が問題となるのに対して、声を出してつく嘘は芸術のように作品を残さないわけである。本家の嘘は、つくにいたる周辺の事情と、それを達成させる行程の方に問題の比重がかかるし、嘘をつくために使う声は、すぐに消えてしまう。

うまく嘘をつくためには、情感やらリズムやら息使いやら、なにやらかにやら考えて演じなければならない。しかしそれらをどうやって記録に残すというのだろう。そもそも証拠を残さないのが嘘つきのやり方である。

私たちは今、文字文化のただなかにいる。文字の文化に浸っている者は、嘘をつくという行程と行動がもっている、生理的な様々なニュアンスから距離をとってしまっている。声のもつ、五感にわたる力《エネルギー》がいかに大きいかを忘れている。嘘はその場で消えてしまい、文字などにして残すことをしない。それゆえ私たちは、嘘の隠された側面になかなか眼を向けないことにもなった。柳田によると、日本の嘘の技術は、口伝えによるものだった。しかし口伝えは、ただ声による言葉の部分によって伝えられるものではない。嘘は伝統工芸の技術の伝承と似ている。口伝えは文字にできない、あるいは文字にできない言葉の部分を伝えてゆくものである。そして口授の技術とは、芸術が本来受け持っている、つくり出す力の周辺こそを、伝えようとするものなのである。

2．芸術のつく嘘

「言語の時代」と言われる二十世紀は、ヨーロッパをはじめとする研究者たちが競って、文字と言語を基とする言語研究を行った時代だった。先に触れたバンヴェニストは、行為としての言語に焦点を当てた。言語をシステムとしての体系、記号の体系として考えたおおもとには、ソシュールがいる。彼らの研究とさまざまな分析方法は大きな成果を生み、世界の見方さえ変えた。反面、無言の中で行間を読ませるという文化にあるものを、論理的で明晰な「型」に当てはめようとして、取りこぼしをするところがなかったわけではない。日本文化に特徴的な、そこに無いものを読み取り、文字にしないところに、伝えたい意図を汲《く》ませるという力のいくばくかをもまた、指の隙間から漏らしてしまうところがあったようにも思われる。

そもそも、言葉にされないものを推し量ることに慣れてきた日本人は、あからさまに口にすることに対して拒否反応を持っている。はっきりと文字にしたくない、されたくないというところがある。空気を読め、というわけである。見え見えの図々しい嘘を、私たちは「白々しい嘘」といって嫌う。

ところが英語には「白い嘘 white lie」という表現がある。これは「罪のない冗談」のことである。人を欺かないのであれば、こうした嘘はむしろ大いに歓迎される。英語を母国語とする人たちは、「白色」に対して無垢ですがすがしいイメージをもっていて、人を傷つけない嘘を「白い」とするのだろう。嘘には言語の特徴がむき出しになっているとも言える。

　嘘について何を想定するのかは、西洋と日本とでかなりの違いがある。とはいうものの、すでに見たように、ヨーロッパでも日本でも、嘘の見方は一様ではない。西洋の古典的な嘘の考え方の共通項は、アウグスティヌスの、「〈意図的に〉人を騙すかどうか」という線引きであった。そうは言っても、モンテーニュのように、嘘はたったひとつの顔しかもたないのではないという考え方がある。明確な意図や意志や意識によらないで無意識的についてしまう嘘もある。

　Ⅱ章で見たように、ジャン＝ジャック・ルソーは、嘘を虚構《フィクション》であるとして、嘘の両面性を考えていた。オスカー・ワイルドは「嘘の衰退」を語り、人は嘘をつく技術＝芸術や文学の嘘をたしなむことができないと嘆いた。* ワイルドは嘘のつくりもの性を積極的に評価した。文学・芸術は人生を模写するのではなくて、「人生が芸術を模倣する」というワイルドの耽美主義がここに見える。これは柳田国男が、嘘に見向きもしないことはもったいない、と言ったことと重なり合う。洋の東西では分けられない要素が嘘の中にはある。

＊「嘘の衰退」西村孝次訳、『オスカー・ワイルド全集4』、青土社。

「芸術」は感性的真理を表すためにあえてつく嘘である。人はその作品に感動し、「ああなんと美しい」と思う。嘘を入れることで、現実世界は一層真実らしく仕立て上げられる。嘘はその技術と能力を駆使して、必要なところを強調し、不要な部分をそぎ取る。嘘はものの姿を掘り起こして見せてくれる。これは人を騙すことになるのだろうか。嘘を肯定的に考える人たちは、嘘の倫理的な善し悪しの先にある、このなんとも不思議な力に惹かれたのだった。

「芸術」は英語でいえば、「ファイン・アート fine art」、つまり「ファイン」な「アート」、「美しい技術《わざ》」である。フランス語で「芸術」は「ボーザール beau art」であるから、英語と同じように「ボー beau（美しい）」な、「アール art（技術）」で、「美しい技術《わざ》」＝芸術、ということになる。他方、嘘は同じくアート（技術）であっても、残念なかわいそうな（poor）なアート（技術《わざ》）、ということになるのだろう。

民俗学者の折口信夫は、「文学に於ける虚構*」の中で、昔から虚構は文学に認められていたとする。そして、文学には嘘が伴うものであることを、あるいは、芸術は嘘で成り立つものであることを、人はみな承知していたとした上で、文学における本当らしい嘘は許すべきなのか、と続ける。

折口は芭蕉の句の例を取り上げる。芭蕉は越後から親知らずの難所を超えて、市振《いちぶり》の宿に泊まる。**そこで芭蕉は、これから伊勢参りをするという遊女ふたりと出あい、一間隔てた宿屋の座敷で一夜をあかす。あくる朝、芭蕉は女たちに、私たち女だけでは頼りないから、どうぞ見え隠れについて来てほしいと頼まれる。ところが芭蕉は女たちに、私は逗留するところがたくさんあるからそれは叶わないけれど、あなた方は同じ方角に行く者についていったらよい、神のご加護できっと無事に着きますよと言った、と記している。そして

一家《ひとつや》に　遊女もねたり　萩と月

と、かなりどきりとさせる句を詠んだ、としている。しかしこのあたりの旅程がどうもはっきりしない。時間的にどうしても不可能なのである。それでも芭蕉は、この句を市振でつくったとする。

遊女たちのことは、奥州の旅に同行した曾良《そら》の『おくのほそ道』の「随行日記」には一言も出てこない。これは曾良の書き落としなのだろうか。いや、折口によれば、芭蕉は句に「あは

＊『折口信夫全集29巻』中央公論新社。
＊＊芭蕉は越後の出雲崎で、有名な「荒海や　佐渡によこたふ　天の河」の句をつくるのだが、『おくのほそ道』ではこの句を市振でよんだものとしている。つまり出雲崎で七月四日に詠んだものを、市振に着いてからの七月七日（七夕）の作としている。

れ」を持たせるため、この部分を入れて、いかにも本当らしく日記の内容をこしらえた。つまりこのエピソードは芭蕉が、虚構の上に虚構を重ねた末のことだった、と折口は言うのである。芭蕉は虚構の作品のために、さらに虚構をつくった。折口の口吻を借りれば、「芭蕉の嘘つきに空いた口がふさがらない」ということになる。芭蕉は文学の虚構のために実生活や事実までをも犠牲にした。しかし折口は、それによって芭蕉の偶像が破壊されるわけではないとする。私たちが表現すべき素材としてもつものを、完全なものと信じて表現することこそが、真の意味での表現技術だと考えるからである。

こうした虚構のための虚構を、とりわけ歌や句という表現の中に用いてきたのは、日本人にとって珍しいことではなかったのかもしれない。日本人は自分の感じることを伝えようとするとき、歌や句にして心を表現することを好んだ。歌をつくるのに実生活の方を犠牲にする、というよりも、歌の方が生活を蒸留して見せてくれると思っていたからであろう。

古来、日本では歌をうたって想いを表わした。歌を披露し、歌で想いを伝えた。歌はひとり静かに部屋にすわってひねり出すというよりも、つくった歌を聴かせる相手がいて、返歌を期待して、返歌に挑むという実践の側面が大きかった。情緒的な日本人の感性は、ものを言い表すのに、「歌う」という行為と手段を取ることの方が、より適していたのかもしれない。

即興性の高い歌は、遠い昔には声の世界に留まっていた。声に出し、そしてそこで終わるものだった。声に出し吟じる歌は詠んだ後、忘れ去られるかもしれないものだった。忘れてしまっても、想いがつのればまたつくればよい。あるいは昔の人は、声が発する豊かさのすべてを文字は包みきれないし、いったん発した声の力は消えないものだと考えていたのかもしれない。

歌を記しておこうという気運が起こったのは、七世紀中葉以降の、宮廷文化が洗練されてゆく過程においてであったとされる。斉明天皇は次のように歌う。

山越えて海渡るともおもしろき今城《いまき》の内は忘らゆましじ

（飛鳥から山を越え、海を渡ってゆく旅は目を楽しませてくれるけれども、今城にいるあの子のことは決して忘れられないだろう。）

天皇はこの作を後世に伝えよと指示した。しかしそのとき、これを書き写せとは命じなかった。歌はいまだ、生きた人間の声の中にあり、歌が伝わるとは人々の間に記憶されて、人々の口の端にのぼることだったからだと言う。*

*『古典日本語の世界』東京大学教養学部・国文・漢文学部会、東京大学出版会、九一頁。

歌は人の思いを声に託して、静かに、しかし着実に日本人のこころに浸透していった。五感がつかまえるものを声として外に出す歌は、情感のイメージを人と分かち合わせてくれる。ほかの人たちと唱和することで、歌は想いを分かち、そのイメージで他の人と共感しあうことができる。イメージは歌い歌われることで、人から人に伝えられ、共有される。それに折口信夫によれば、「かたる」も「うたう（うたふ）」と同じで、ともに言語によって人の心を感染させて、同一の感情を抱かせるものだった。「かたる」と「うたう」の違いは、「うたう」が抒情詩を、「かたる」が叙事詩を諷誦《ふしょう》（声をあげて読むこと）することだった。*声の中に受け継がれて共有物となるイメージは、詩歌以外の別のかたちにも託される。昔話や民話がその例である。

現代になって、これを童話で表そうとしたのが、宮沢賢治だった。賢治は、童話は書いたが、小説は書かなかった。賢治は、童話こそは声のもつイメージ世界を描きだしてくれると思ったのだろう。イメージは明確でも合理的でもないが、生き生きとして人とともにいることを欲するものである。それを賢治は非現実空間の交錯の中で繰り広げて見せた。その嘘は人のこころに共振して、生き生きとしたイメージの世界をつくってゆく。賢治の童話は、文字にされたものであるようでいて、もはや文字や言葉ではない世界を描きだす。小説が生きた人間を描くものであるとすれば、童話はそれ自体が生きたイメージである。童話は読まれたときに生きる。それは、歌が声となって出て行くときと同じである。代表作の『銀河鉄道の夜』の登場人物たちはすべて死者である。死んだ人が動きまわること自体、賢治の童話が現実でもなく非現実でもない虚の世界であることを語り出している。賢治は童話の中でしばしば「ほんとうのこと」という言葉を使う。本当のことを描く童話は、非現実的であるけれども、偽りの世界ではない。非現実の中に「ほんとうのこと」を求めることは、今も昔も誰もが心の中で行ってきていることなのであろう。非現実でつくられる真実を、賢治は歌ではなく童話の中に描き出そうとしたのだった。

3. 青鬼がついた嘘——ムラの中の仕掛け

日本人は共感性が強く、同じ共同体の中にいる人と運命を共有していると思う傾向が高い。ムラの中では、たとえメンバーの入れ替えがあったとしても、ムラ全体としてはたいした問題ではないということになる。この考え方は長い時間を経ても失われずに保たれていて、今の私たちの行動を羈束《きそく》しているように見える。

* 「日本文学の発生」、『日本文学研究の方法　古典編』有精堂、一三三頁。

浜田廣介に『泣いた赤鬼』という児童文学がある。多くの人が知っている作品なので改めて筋を追う必要はないと思うけれども、おおよそ次のような内容である。

山の中に赤鬼が住んでいた。赤鬼は人間と仲良くなりたいと思っていた。立て札を立てて家に人を呼んだが、怪しんで誰もやって来なかった。そこに友達の青鬼がやってくる。青鬼は赤鬼とは違って、村人と仲が良かった。赤鬼は青鬼に、ぼくのところには誰も遊びに来てくれない、どうしたらいいのだろうと相談する。

青鬼はしばらく考えた後、それでは自分が人間の村に出かけて大暴れをするから、君がそこにやって来て、ぼくをこらしめてくれたらいい、そうすれば人間たちは、君はやさしい鬼だと思って仲良くしてくれるだろうと提案する。赤鬼は、そんなことをするのは青鬼に申し訳ないと思ったものの、計画を実行する。やさしかった青鬼はあるとき突然、村で大暴れをする。そこに赤鬼が現われて青鬼をこらしめ、村人を助ける。村人は赤鬼に感謝し、赤鬼は人間と仲良くなり、毎日村人たちと楽しく過ごすことになる。

そうしたある日、赤鬼はふと、最近青鬼を見かけないことに気づく。あわてて青鬼の家にいくと、そこには立てかけた板があり、「ぼくは旅に出ます。ぼくが君といると君も悪い鬼だと思われるから。身体を大切にしてください。さようなら」、という貼り紙がある。赤鬼は何度もその手紙を読むと、涙を流して泣いた。なんとも切ない話である。読んだ子供たちはみな、青鬼のやさしさに涙するであろう。

しかし考えてみると、青鬼のとった方法は赤鬼にとっては、ずいぶん残酷なことではないだろうか。なぜ青鬼は立ち去ってしまったのだろう。どこまでもやさしい青鬼だからだと思うことはできる。とはいえ青鬼が消えてしまったあと、赤鬼はそのまま何ごともなかったように村人たちと安穏と遊んで暮らしてゆけるとでも、青鬼は想像したのだろうか。赤鬼にしてみても、青鬼が去った後、そのまま何も知らなかったように、村人たちと戯れつづけてゆけるだろうか。物語は赤鬼が泣いたところで終わっているので、その後のことは分からない。あるいは赤鬼は青鬼を探して旅に出たのかもしれない。

いや、もしかすると青鬼は、自分が村人と仲良くしているのも、赤鬼が青鬼に代わって村人と仲良く暮らすのも、村人にとっては「鬼と遊ぶ」ということでは何も変わりがないと思って、このような計画を立てたのかもしれない。確かに青鬼がこの名案を赤鬼に言うときの青鬼の態度は、いともあっさりとしているのである。

『泣いた赤鬼』の終わらせ方は、日本人のものの見方の一片を垣間見せてくれる。小説ならば、しかもそれが探偵小説であるなら、犯人が見つかるところで物語は閉じられる。同じように、一同めでたしめでたしのうちに大団円を迎える喜劇も、ドタバタの末にやっと結婚できた二人が一年後にどうなっているのかなど、誰も気にしなくてよい。しかし『泣いた赤鬼』の、

「赤鬼が泣く」ことで終わる幕の引き方は、子供向けの童話としては、かなり衝撃的で、残酷でもある。この終了の仕方は、青鬼も赤鬼も同じ鬼なのだから、どちらでも村人にとっては同じことだとする、同調型の日本人の性格の根をつかみ出して、子供たちにそれとなく見せて教えるもののようにも見える。

日本人のおしゃべりには、「そうだね」、「そうですね」とか「そうそう」、「はい」などが多い。話の出だしが「そうですね」の人がいる。何も質問などしなくても、「はいはい」と言って話を切り出す人もいる。「はい」、「そうそう」、「そうですね」は、相手の言うことに同意する言葉のように見えるけれども、それは、まずワンクッションおいて、相手と自分とが共通の場にいることを確認しておくためであるということが多い。あるいはそれまでの話をなんとなくうやむやにして適当なところで切り上げさせてしまうための手ということさえある。「わかる、わかる」も同じである。人は理解よりも共感してほしい。日本語の「はいはい」、「わかる、わかる」、「そうですね」は、賛同を表すというよりも、まずは、おたがいが同じ話の場にいて、「私はあなたの言うことを聞いているこの一座の一員なのですよ」という、共感と同調の磁場を確認するためのサインの意味がある。

このような共感性の強い場では、メンバーはムラの一部で、もしどこかである人が他のメンバーと変わっても、それはムラの一部の取り換えということで、結局は同じことだということになる。旅に出た青鬼も、赤鬼も青鬼も村人にとっては同じ鬼なのだから、入れ替わったとしても同じなわけである。

同じなのだから自分でなくて赤鬼でもいい。そこで青鬼は、赤鬼をヒーローにして自分と入れ替えるための策を練った。自分が突如狂乱して村人に襲い掛かり、赤鬼がそれをおさめるというシナリオである。偽りの自分を演じるという嘘をつくわけである。嘘をつくためには演出と仕掛けと、そしてそれをさせてくれる背景が必要である。青鬼はその背景を、赤鬼でも青鬼でも村人にとって鬼は鬼で、取り換えても結局は同じ、という考えの中に見ていたのだろう。「そうそう」「はいはい」が利き、そしてムラのメンバーが変わっても、全体は変わらないとする私たちの社会には、同質性による仕掛けをつくりやすい構造が擦り込まれているのかもしれない。

4．谷崎のものがたり方——つく嘘とつかされる嘘

芭蕉は嘘のために嘘をついた。虚構の作品をつくるために積極的に嘘をついた。芭蕉は市振の句をつくる前に、越後の出雲崎で、有名な「荒海や　佐渡によこたふ　天の河」の句をつ

くり、その後、親知らずの難所を超えて、市振《いちぶり》の宿に泊まったとしている。市振の、「一家に遊女もねたり　萩と月」の句と「荒海や……」の句は、『おくのほそ道』における芭蕉の虚構の、いわば双璧とされている。「荒海や」の方は句をつくった日にちのずれの問題だが、市振の遊女の句の方は、全くなにもないところからつくりだす、徹底的な嘘である。

他方、『泣いた赤鬼』で青鬼がついた嘘は、青鬼が嘘の舞台をつくり自ら演じるという、仕掛けを操るお芝居の嘘である。嘘のつき方はバリエーションが多いので、分類などできるものではない。しかし積極的に嘘をつくわけではないけれど、何も言わないで先まで取っておいて、少しずつ見せることでつく、という嘘の手法がある。また、つくように仕向ける仕掛けの嘘もある。

谷崎潤一郎の『少将滋幹《しげもと》の母』には、仕掛けと策略による嘘と、隠しておいたことをだんだんと見せてゆくという嘘、さらにはつか、さ、れ、る嘘という、嘘の様々な手法が組み込まれている。この作品は非常によく読まれているので、いまさら筋書きをたどる必要はないけれども、谷崎の嘘と仕掛けと物語り方と、嘘を暴いてゆく手順と、さらに張りめぐらされた嘘によって人はどのように翻弄されるのかを、登場人物たちの運命から見てゆくために、必要な箇所を拾っておきたい。

書き出しは、本筋とは関係のなさそうな、色好みの平中《へいちゅう》のかなり滑稽な話である。なぜこの男の話から始まるのかは、物語の中盤あたりから明らかになる。そして私たち読み手をあっと驚かせることになる。

色男の平中は、名うての恋の名手だった。彼がこれぞと目をつけた女が手に落ちないことはなかった。ところがどうしてもなびいてくれない女性がいた。本院《ほんいん》の侍従《じじゅう》である。どう言い寄っても無駄である。舞台となる平安の初期当時、男が女性に気持ちを伝える場合には文《ふみ》を送った。文を女性のそばに仕える童《わらべ》などに託すなどして、女に渡してもらった。平中は本院の侍従に何度も手紙を送り、歌を送った。しかし何度送っても、本院の侍従は返事をよこしてくれない。天下の色男の平中は、ただ翻弄されるばかりである。しかし恋はじらされればじらされるだけ、よけいに燃え上がる。

ある日、「せめて手紙を見たとだけでいいから返事が欲しい」と書いたところ、ついに女から返事が来た。しかし待ちに待ったその中身は、平中が書いた手紙の「せめて見たと言ってください」の、「見た」という二文字が切り取られた小さな紙切れだった。

じらされ続けたあるとき、ついに女の部屋に招かれるチャンスが訪れる。しかし胸を高ならせて床《しとね》で待つ平中を残して、侍従の君は襖を閉めてくると言ってそこを離れたきり、戻ってこなかった。平中はまたもやもてあそばれたわけである。

平中はいよいよ口惜しさがつのる。ついに平中は激しい恋のほむらを消しさるために、女を嫌いになろうとする。いくら美しい侍従の君であっても人間なのだから、必ず排泄物があるはずだ。それを見れば諦めもつくと考えた彼は、当時高貴な女性が使っていた特別仕立てのおまるの中身を見ようと思い立った。平中は侍従の君のおまるを奪い取ると、あせる思いを抑えながら箱の中を開けて中を見た。すると非常に芳しい香が漂ってくる。よく見るとそれは香木でつくったつくりものだった。舌に載せるとさらに芳しい。これは女のいたずらだったのだろう。このことで平中の恋心は逆に沸点に達し、燃え盛った炎で病に伏し、悶絶しながら息絶えることになる。

　平中には気の毒だけれども、このエピソードだけでも実に面白い。しかしこの物語の本筋はそこにはない。この話のあとに、さらに物語は続く。そしてストーリーは滋幹が幼いころに生き別れになった美しい母親に、中年になったころにやっと逢えて感激するところで終わるのだから、これが本筋のようにも見える。

　とはいうものの、物語の核は母恋物語という筋立てにもありそうにない。いや、この物語に登場してくる人物の中で、一体誰が本当の主人公なのだろう。タイトルの滋幹の母かというと、そうとも言えない。滋幹でもなさそうである。滋幹の母をめぐる三人の男、つまり平中と、左大臣で平中の話友達の時平《しへい》*、さらに、北の方の夫の国経《くにつね》なのだろうか。

　いや、この物語は主人公が誰かとする小説の体裁をとることを、はじめから拒否している。

そもそもこの物語は、全体がただひとつの筋をひたすら追いかけるようなつくりをしていない。作品は、語り口そのものか、あるいは彼らをめぐる場が主役となるように巧みに仕立てられているのである。

最初に登場してくる平中は実在の人物で、谷崎は実際に多くの古典、たとえば『平中日記』、『伊勢物語』、『宇治拾遺物語』などを考証して創作した。平中にとっては悲恋で、読む方には滑稽な冒頭のエピソードは、本筋を彩るサブ・ストーリーのように見える。しかし読み進むにつれて、この部分は微妙に、そして同時に相当の重要性をもって、本ストーリーにからまってくるのが分かる。平中が苦しめられた侍従の君は、おそらくはときの権力者、藤原時平の情人だったのだろう。だからこそ彼女は平中になびきもしなかったし、時平の指示があったからこそ、おまるのような手の込んだからかいもできたのだろう。

平中と同様に、左大臣時平もまた、色男で大の女好きだった。時平と平中が女についておしゃべりをして過ごす時間も多かった。時平と平中はここで女をめぐって接合点をもっていた。この繋がりがその後の伏線となって、物語は大きく展開してゆく。

＊藤原時平は、歴史上の実在の人物名としては「ときひら」だが、谷崎の作品では「しへい」。なお歌舞伎や文楽の『菅原伝授手習鑑』でも「しへい」。

平中は侍従の君に翻弄され続けた挙句、かわいそうに悶死してしまったけれども、モテにモテた。女漁りも激しかった。こうして契りを結んだかつての女性の中に、世にも美しい女性がいた。少将滋幹の母で、藤原国経の妻、つまり北の方である。国経は、かなり歳の離れた美しい妻を宝のようにかわいがっていた。平中はある時期まで、身をひそめながらこの女のもとに通っていたが、女の夫の国経のあまりの実直さを目のあたりにして、さすがに後ろめたさを感じたのか、次第に女から遠のいていった。

ところが左大臣の時平がこの女性の美しさの噂を聞いて、彼女を手に入れようと画策する。国経は時平の甥だったが、二人の身分は相当に違っていた。時平は叔父である国経に次々と贈り物をしてくる。甥とはいえ、時平は天下の左大臣である。その左大臣から国経老人は山のような贈り物を頂戴するのである。感激した国経は時平を自宅に招待して、ありとあらゆる歓待をする。そして酒に酔った勢いで、国経は思わず、美しい北の方を時平に引き出物として差し出すと言ってしまう。時平は彼のこの言葉を聞くや、衆人関知の下、あっという間に北の方を奪って去っていく。

国経から差し出され、時平のものとなってしまった母に、幼い滋幹は簡単には会わせてもらえなかった。それでも何度か会えるときがあった。そのとき幼い滋幹は、屋敷の前で待っている男に、腕をまくり上げさせられ、そこに何か筆で書かれた。そして男に、それを母に読んでもらうようにと頼まれた。滋幹は屋敷に入っていって母に腕を見せた。この男は昔の情人の平中であった。平中の歌を見ると、母は惜しむように読んでそれを消し、今度は平中への返歌を幼子の腕に書いて、その男に見せるようにと言った。

この場面はこの小説の中で三度繰り返されて出て来る。初回は本当にあっさりと書かれるだけである。読者には男が平中であることも分からない。次に、他のことがらを交えながら時系列を明確にして少し詳しく記される。そして最後に、事の詳細が念入りに描き出される。同じ場面が何度も繰り返される。同じ話が時間軸に逆らって何度か巻き戻されて出てくるのであるが、そのたびごとに読者は事の奥底に分け入って行くように描かれている。そしてその都度読み手は、あの場面の意味はこういうことだったのかと知って驚かされる。

物語の後半、国経が、奪われた妻を何年経っても忘れられずにおこなう行者の凄まじい修行のような場面も、同じように何度か繰り返される。それらもやはり、繰り返されるたびに、薄皮がはがされるように、その意味と真相が明かになってゆく。

谷崎のものがたり方は、過去のことがらに何度も時を立ち戻り、同じ場面を描きながら、少しずつ事の真相を明らかにしてゆくことによって、物語全体に張りめぐらされた仕掛けを暴露してゆくものである。起こったことはひとつしかないのだけれども、この手法によって読み手が手にするイメージは次第に変わってゆく。

谷崎がここで試みた戦術には、声の文化の人々が使った手法と通じるところがある。『声の文化と文字の文化』の著者であるウォルター・J・オングは、文字が表れる前の、しゃべる文化の中の人たちは、必ずしも時系列に話をしたのではなかったと言う[*]。しゃべる文化の中では、口から出ることがらはすぐさま核心に進むことがあるだろうし、同じエピソードが何度も繰り返されることは、大いにあった。文章に書かれるのであれば冗長と捉えられかねないことでも、声の文化でなら、繰り返しは、聞く人の脳裏に個々のエピソードをあざやかに映じて、興味の密度を濃くしていってくれる。谷崎の筆さばきも、文字のない文化の人たちが行っていた方法をなぞるように、同じ事がらの真相を、見る視点を変えながら暴いてゆくスタイルをとる。少しずつ明らかにされてゆく詳細描写が、過去のできごとの縦糸と横糸とのからみを解きほぐして、秘められていた意味を浮かび上がらせる。物語は時系列を行ったり来たりしながら、エピソードの中にある意味をじわりと、そして同時に読み手を強く驚かせるようにつくられている。谷崎の展開の仕方は、声による物語が用いる方式なのである。

そもそも声の文化においては、過ぎ去ってしまったできごとの時間的なあとさきは、それほど重要視されなかった。声文化の人にとって問題であるのは、今起きていることか、あるいは過ぎたことかの、どちらかであった。起こっていることと、過ぎたことのどちらかしかない、という時間感覚の中では、時間軸に沿って時代の順にできごとを並べる「歴史」という概念は生み出されにくい。日本の物語文学は、もちろん文字の時代のものであるが、「物語」という形式はそれでもなお、話し言葉の名残を見せている。谷崎のこの作品は創作であるけれども、多くの物語文学を下地にして、谷崎が皆の前で描いてゆくものがたりなのである。いや、そもそも物語というものは、読まれるとともに、ものごとを実際に声に出して語り聞かせるものだった。

　谷崎はこの作品で、文字通り、ものがたっている。西欧の近代的な「小説」なら、登場人物の心の有様は立体的に描かれ、精神と内面状態をあらわにしつつクライマックスへと進む。しかし谷崎はここでとりたてて人物の心象風景を細述して、心の動きを追おうとはしない。人物描写はむしろ平面的で、筆致は淡々と人物の行動だけをなぞっていくだけである。世にも美しい滋幹の母が、一体どのような目鼻立ちかの叙述はなく、ただ「美しい」としか書かれない。幼い滋幹がやっと逢えた母の姿も、ひたすらぼんやりとしている。ところがわたしたちはこの女性のあえかな美しさを、ひとつの気配として想像できる。また、これほどに美しい妻を奪われた老人国経の執念の凄まじさと無念と後悔を、その行動でなぞることができる。作品に出て来る人物たちは、心の奥など描写されず、ただ出来事が描かれるだけであるけれども、それは

*『声の文化と文字の文化』W－J・オング著、桜井直文、他訳、藤原書店、二九〇頁。

詳細で具体的な表現以上に、読む人の肺腑を抉《えぐ》る。「物語る」ことがイメージをつくってゆく。谷崎がこの作品で目指した手法のひとつは、非連続な出来事を絡み合わせ、何度も繰り返して語ることによって、密度の濃いイメージをつむぎ出すことだった。谷崎は声の文化の跡をたどるように、出来事の経緯を往きつ戻りつしながら、実直な国経、高み見物の時平、母を恋う滋基、女に翻弄される平中という幾多の糸を縒りかけながら、語りの綾錦を織り出した。谷崎は、声による文化が本来もっている、時間軸によらずに出来事を描写する方法を駆使することによって、独自の作品世界をつくりあげたのである。

口伝えで物語る世界では、まだしゃべらない部分を残しておき、それを後でしゃべって暴くという仕掛けで、実は巧みな嘘をついている。谷崎は『少将滋幹の母』で、この嘘の手法を用いる。知っていてまだ言われないことは、まだないことと同じである。人はそれを知らされたときに、はじめてものが見える。まず隠しておいて、そして、見せる。隠すことは積極的に嘘をつくるわけではないけれども、実は大きな嘘をついている。

さらに谷崎は、特別な状況の下では、人に思いもよらぬことを口にしてしまうという、人間のもつ不可思議な本性をここで描出する。北の方をこよなく愛する国経は、左大臣を招いて有頂天になり、酒に酔って気が大きくなった勢いで、思わず、愛する妻を引き出物にすると言ってしまう。これは美しい自分の女房を自慢してのひとつのホラだったのだろう。しかし、人はいつもとは違う華やかな宴の中で情感がこみ上げてきたとき、酔うままに舞い上がり、心にもないことをポロリと言ってしまうものだという人間の心理を、時平は知悉していたのだった。

時平の立てた計画をもう一度よく見てみると、さまざまな嘘が見えてくる。平中は、本院の侍従の床にやっとのことで入ることができた。ところが本院の侍従は、ちょっと待って、と言ったきり、帰ってこなかった。これは普通の嘘である。けれども平中が彼女を諦めようと思って奪ったおまるの中のつくりものの便となると、それを下準備して用意しておくのはなかなか苦労のいることだったろう。ここには手の込んだ偽物づくりという仕掛けの嘘がある。

時平は、平中が普通じ合っていたという、世にも美しい北の方を奪うために、まずは平中を屋敷に呼んで、あれやこれやと話をして、女のことを引き出してゆく。平中は話の最初のあたりでは時平に、北の方とはそれほど仲が良かったわけではない、などと嘘を言っているのであるが、次第に時平の巧みな話術にかかり、結局、北の方のことを話してしまう。時平の方が一枚上手だったわけである。こうして、時平は叔父の国経に次々と贈り物をして喜ばせ、ついにその自宅に招待させる。左大臣に自宅に来てもらった有頂天の国経が、酔いに身をまかせた挙句、引き出物に妻を差し出すと口走ってしまうことは、人の心を読むことの得意な時平には十分に計算済みのことだったのだろう。国経にとっては、思わず口にしてしまった言葉であったけれども、時平はそれを狙っていた。時平は状況をつくり、国経にいつの間にか嘘をつかせたわけである。

ここにさらに谷崎の虚構が被さってくる。それは、筋を展開する語り手の仕掛けで、最初は隠しておいて、徐々に事の詳細を見せてゆく、という嘘である。隠すということは、積極的にありもしないことを言ってつく嘘ではないが、実際には、計算し尽くされた嘘である。

思い起こしてみれば、芭蕉の市振での嘘は、ないものをつくりだす嘘だった。その嘘のために芭蕉はさらに嘘のつくり話をこしらえた。大きな嘘のためには、背景の嘘が必要である。谷崎が考えた時平像は、策略による嘘の制作者だった。そして谷崎自身は、時平やかわいそうな平中や慟哭の国経といった嘘の犠牲者たちを見晴るかすように、また別のかたちの嘘をこしらえていく。隠して、次に語るという仕掛けの嘘である。こうした嘘が成功するのは、人々がそれを信じ込む背景がすでに構築されているからである。『泣いた赤鬼』が村人たちと仲良くなれたのも、青鬼が突如狂乱してみせるという嘘の背景をつくることでできたものだった。

同じようにして南仏のおしゃべりの会でもさまざまな嘘がつかれるのだろう。いや、何かの仕掛けが周到に用意されて、酔わせられる状況にいるのであれば、嘘は案外、どこにおいても引き出されてくるものなのかもしれない。

5. 嘘は変異する

南仏のおしゃべり大会は非日常的の中に設えられた祝祭的な世界である。演劇好きで政治談義好きなフランス人にとってこの仮設の芝居小屋は、自ら演技《アクト》し、持論を主張して、天下国家を論戦する、待ちに待った晴れの舞台である。彼らは心からうきうきといそいそと演芸場に向かい、そこで役者《アクター》となることに没頭する。

没頭すると、人は酔う。しかし人を酔わせる劇場をつくり上げるのには、十分に準備しておかなければならない。大道具・小道具の確認が要る。開演直前の準備以外に、日頃からの下ごしらえが要る。柳田国男が出遭った金歯の詐欺男も、じわりじわりとお膳立てをした。芭蕉の市振の句も、制作のための下地をつくった。『少将滋幹の母』の平中が悶死することになったのも、おそらくは時平による綿密な仕掛けが施されていたからであろう。ファー・ブルトンの埋葬儀式も、おしゃべり会のための日頃の腕ならしのひとつなのだろう。イリュージョンの嘘をつくるためには下地づくりが必要で、それは一朝一夕にできるものではない。逆に言うと、そのような場と下地が耕されている場に連れて来られるなら、人は我知らず思いもしないことを口にしてしまうことがあるのかもしれない。

だからこそ、嘘の仕掛けは恐ろしい面をもつことになる。そこで鼓舞されて高揚した集団が方向を間違えて、どこに行くのか分からないことになる、ということもあり得るからである。

本当の演劇の世界の中であれば、観客も役者も、それが虚の、嘘の娯楽空間で行われているつくりものであることを知っている。しかしおしゃべり大会の場という仮設の劇場は、比喩の劇場である。客人たちが帰る先は、いつも通りの、日常の、生活し行動する社会である。そこは次のおしゃべりの会のための仕込みと訓練の場でもあるのだから、おしゃべり会という芝居小屋と日常世界とは、それほどきっちりした境界線を引けるわけではない。役者は半分役者のままで帰宅する。おしゃべり会で紅潮して奮った熱弁や聞いたスピーチが、舞台が跳ねた後にも影響を及ぼしつづけて、会の中でのほんの小さな嘘が人々の日常生活に働きかけて、人が思わぬ方向に進んでしまうという可能性はないわけではない。舞台小屋は祭り意識を盛りつけた、夢の特設会場であるけれども、そこはまた日常の場である。そもそも日常と嘘の世界は、案外ごく近いところでつながりあっている。ちょっとした取り違いは、ふたつの間の垣根をかんたんにとび越えてゆく。

ましてや真実の仮面をかぶった行為が、政治の世界という舞台において、恐ろしい力を多くの人に及ぼすことは、これまでにもあった。いや、政治の中で事実が操作され、嘘が事実となってあらわれることは常にあった。嘘は小さなところからなんとなく生まれ、成長して人を脅かすことがある。嘘のもつ魔力は限りなく大きい。虚構の舞台は嘘を生み、その囲りに肉をつけて太らせてゆく場となる可能性がある。大きくなっていった嘘はそのうち、それが嘘であるのか真実なのか、分からないことになる。嘘は場合によっては止めることのできない大きな暴力となる。

嘘は変異する、とジャック・デリダは言った。アウグスティヌスの嘘は名詞扱いだけれども、デリダの嘘は動詞で扱われる。デリダは『嘘の歴史』の中で、古典的な嘘論と対比させながら新しい嘘を論じる。アウグスティヌスは、「嘘を所有する」という言い方をした*。ところがデリダは嘘の問題を、名詞の「嘘」ではなくて、動詞の「嘘をつく」ことで考える。「嘘をつく」ことは「嘘」とは違って、行動する（act）こと、実行することである。デリダは、嘘は「つくこと」で実効性をもつもので、嘘の本質は行為することにあると見た。「嘘つき」は「行動の人」（homme d'action）である。デリダはこの著で嘘と政治と結びつけて、現代の嘘の変質について論じてゆく。ただし『嘘の歴史』はごく短い著作で、彼自身、ここで自らの嘘論をすべて書いているわけではない、ともしている。

ハンナ・アーレントも、嘘を行動することにおいて考えた。人間に重要なものは、「活動す

*Ⅲ章、3の「嘘の定義」を振り返っていただきたい。

ること」、「行動すること」であり、他の人の精神に働きかけ、言葉と演技で説得することであると主張した。「行動する」（action、act）は、「演技する」という意味でもある。* 演技と行動は一続きで、嘘は演劇につながる。それはさらに政治につながってゆく。

アーレントによれば、「行動すること」という言葉には、ギリシア語にもラテン語にも、ふたつの意味があった。つまり「命令すること」と「それを耐え忍んで仕上げること」である。** 行動することという語の中にあるこのふたつの意味が、嘘を政治と離しがたく結びつけている。それゆえ嘘は善い悪いという倫理の問題にとどまらない。

アーレントは志願してイスラエルに取材に行き、アイヒマン裁判の記事を書いた。アドルフ・アイヒマンはナチス親衛隊の中佐で、ユダヤ人虐殺の実務に当たった男である。彼は第二次世界大戦後に逃亡し潜伏していたが、一九六〇年に捕えられ、イスラエルで裁判を受けることになる。その裁判のレポートをアーレントは請け負ったのだった。

世間はユダヤ人のアーレントが、極悪非道のアイヒマン像を書いてくることを期待していた。ところが彼女が報告したアイヒマン像は、ホロコーストの首謀者という、いかにも凶暴なナチスの幹部ではなく、ただ黙々と、法律（つまりヒトラーの命令）を施行することだけを自分の義務と信じる、どこにでもいそうな普通の人間だった。*** 彼女のレポートは人々の描いていたイメージを裏切ることになり、アーレントは世論の大反駁を受ける。このことでアーレントは、人がもつイメージと嘘と行動すること、とりわけ「イメージ」がつくられるものであることを深く考えることになる。

　イメージとは何か。とりわけ世界が不安の中に陥ったときに、人が抱くイメージとは何か。この問いには十分な注意をしてかからなければならない。ヒトラーの行ったことは、不安定な状況において、同等の組織を並べて組織のあり方を二重化三重化して、事態を分かりにくくすることだった。こうすることによって彼は自分の明確なイメージをつくり、自分だけへの求心力を高めたのだった。****

＊フランス語の jouer もドイツ語の spielen も同じように、動く、遊ぶ、演技する、演奏する、の意味がある。英語の同じような語には、play と act があるが、act は、自分以外のものを人前で演じるという意味合いが play よりも濃い。

＊＊ギリシア語には archein と prattein が、ラテン語には agere と gerere という言葉があり、それぞれ前者は「命令すること」で、もっぱらリーダーの行うことである。後者は、着手や開始という意味で、そこから「物事をつかみ、それらを耐え忍び、仕上げる」意味、つまりひたすら耐え忍んでものごとを仕上げるという意味が生まれる。

＊＊＊『エルサレムのアイヒマン――悪の陳腐さについての報告』、ハンナ・アーレント著、大久保和郎訳、みすず書房。

＊＊＊＊ヒトラーとイメージの操作については、仲正昌樹が『悪と全体主義』（ＮＨＫ出版新書）に分かりやすく書いている。

不安定な状況の中では現実はつらく、嘘は見えにくい。見えないことは人の心の不安を煽《あお》る。情報の錯綜はいよいよ人を混乱させる。そうした中で人々が求めるのは、分かりやすいイメージである。人々はそれに飛びつく。嘘はしばしば、嘘をつくふりをして本当のことを言う。事実と違うことを、意図をもってつく嘘だけでなく、それとは反対に本当のことを言いながら嘘をつく。そうすると本当のことはいよいよ人の眼から隠されてしまう。それでも人は明確なイメージを求める。こうして、嘘は少しの事実からさらにイメージを増殖させてゆくことになる。

嘘の概念は二十世紀のはじめに大きな転換点をもった。世界は情報伝達の構造を大規模に変革した。振り返ると、かつて言語伝達の手段が世界を、声中心の時代から文字中心の時代へと移行してゆき、伝達の革命を起こした時代があった。そこにはなにより、活版印刷術の伝播があった。それが巨大なうねりとなって、伝達構造を根っこから変えた。さらに二十世紀の初頭、人類はそこからもう一段階上の、情報伝達のあり方を変革する戸口に立った。そして今、その階段を上りきった私たちの時代は、かつてないスケールでの伝達革命を成し遂げようとしている。情報伝達の変化は、現実の見方を変える。現実と非現実、現実とイメージの境界を見えにくくするのである。

予期しない事態が起こったとき、人は不安になり何かにすがりたいと思う。不安は世界を恐怖の劇場と化すことさえある。混乱し恐怖の中に放り込まれると、人はどれが正しいのかという判断が冷静にできなくなる。頼れる情報にすがりたいと思う。情報を得る手段が激変する中では、舞台の仕掛けをし、嘘をつくことは、以前よりも格段と容易に、そして大規模に行われることになる。

コミュニケーション手段の変化は、耳と心に響く生《なま》の声を排除してゆく方向を取ってきた。これは、真実であるかどうかの感覚を人から削ぎ落とし、より大きな嘘をつくことを容易にする。声は心と感情を直かに表すものである。声のない、顔の見えない世界では、情感に迫るイメージの操作がやすやすとなされてゆくだろう。生き生きしたイメージほど人に分かりやすく、そして人の心をつかまえやすい。声の届かなくなった世界では、嘘は一層大きく巧みにつかれることになるだろう。

嘘は倫理や政治の問題であるだけでなく、感性の問題である。デリダもアーレントも、カントの『判断力批判』に強い興味をもっていた。これは、人が「美しい」と判断する「判断力」についての論考である。つまり『判断力批判』は「この行動は善い・悪い」という、倫理や嘘の書ではなく、感性の判断についての、美学の書である。ところが「美しい」と感じる人間の感性を論じたこの書に、デリダもアーレントも並々ならぬ関心を寄せた。それは『判断力批判』が人の行動と情動をつなげて論じているものだからである。「美しい」は行動に連動している。私たちは善い行為を同時に美しいと思う。困っているお年寄りに誰かが手を差し出す様を見ると、善い行為であると思う。同時にその行為を美しいと感じる。「美にして善」ということは、わたしたちが日ごろ肌身で感じているもので、行動をつかさどるところと、創造と感性をつかさどるところが分かちがたく結びついていることは、古代ギリシアの哲学書を開くまでもない。そして、善いことと美しいことをつないで感性の判断を扱ったカントの『判断力批判』に、デリダもアーレントも「嘘をつく」ことと「行動する」こととの強い関連性を取り出そうとしていた。嘘はイメージと感性の問題なのである。

6. イメージとリアリティ——リアリティの嘘

夏の南仏で盛んに開かれるサロン風のおしゃべり大会では、招かれた人はホストの家という芝居小屋の中で、口角泡を飛ばして、自分の思うところをスピーチし合う。集った人々と交わり、たわむれ、主人の自慢料理を食べて、特別に選んだというワインを飲んで、人の意見にただちに反論しながら、楽しく笑う。カントによれば、人が笑うのは緊張した感情が突然解き放たれるからであるが、南仏人のおしゃべり大会では人々は、しゃべって食べて飲みながら、緊張をつくっては崩しつくっては崩しして、笑い、戯れる中に、スピーチ術を駆使して持論を披露する。

とはいえ昨今、南仏のおしゃべりの会は変わりつつあるように見える。少しずつではあるけれども、メインの形であった、主人が自慢料理を並べ、選ばれた酒が並ぶ中で一席ぶち合うという集まりは、一昔前よりも減ってきている。会食は開いても、ホスト側はケータリングを利用することが増えた。若い世代は不得手な料理に手間をかけたがらない。忙しくて買い出しや仕出しの時間がない。さらに大きな理由の一つは、情報伝達手段の変化、とくにSNSやオンラインの普及である。これを使って議論すれば、まあ、満足できる。おしゃべりの舞台そのものが変化しつつある。

しかしSNSは、たとえ同じムラの中の特定の人だけにつぶやいたつもりであっても、ひとたびアップされた情報は、たちまち顔の見えない不特定多数に拡散してゆく可能性をもっている。舞台まわりの事情が様変わりしているのである。声を張り上げる必要はない。拡散のための作業は指一本のアクションで足りるので、「行動した」と自覚することさえないほどである。しかしいったん広がった一言や画像や動画は、デマとなって人の不安をあおることがある。こうして一夜にしてトイレットペーパーがなくなる。

オルポートとポストマンは、いまや古典となった『デマの心理学』の中で、デマの流布量は、当事者にとっての重要さと、論証のあいまいさとのかけ算、つまり積に比例すると言った。[*] 加えるのでなく、かけ合わせるわけである。重要さかあいまいさか、どちらかがゼロであるなら、かけ算なのだから積はゼロで、デマにはならない。また、問題がいかに大きなものであっても、だれも興味がなければ、デマは流れない。もし重要な問題であったとしても、それについてみなが事実をよく知っているならデマはありえない。

「デマ」とか「フェイク・ニュース」とか言うけれど、デマの語源は、ギリシア語の「民衆」を表わす「デモス」と、「導く」を表わす「アゴゴス」が合わさった「デマゴゴス」(demagogos)で、もともとは、政治的な目的で、意図的に民衆を扇動しようとする扇動指導者がデマだった。それが今では、虚偽情報や流言飛語の意味で使われている。

わたしたちは現在、大きな虚のイメージをこしらえて、それを拡散しやすい世界にいる。嘘が現実となり、事実が隠されて現実となってしまいかねない中にいる。事実と違っていても、発信されて広がったものが「現実」となって、世の中を覆いかねない世界にいる。「現実」が変わり、「事実」の見方が変わりつつある。アウグスティヌスによれば、嘘とは、意図をもって事実に反することを、対象となる相手に向けて言うことであった。けれどもわれわれの時代は、事実と事実でないものの区分や、現実と現実でないものの境界が見えにくくなっている。対象となる相手がはっきり分からなくなってきている。メディアの変革とコミュニケーション手段の変化が、そこにある現実を大きく変えて、何が事実で現実なのであるかを判別しにくくしているからである。

もっとも歴史を振り返ってみると、「現実」の意味は、そもそも変わりゆくものだった。十九世紀末のヨーロッパは、「現実」をつくり出すことで、それ以前の時代から決別した。画家クールべは「レアリスム宣言」で、それまでの「現実」観を変えた。彼が考えたレアリスム（リアリズム）運動は、奥行きのある、球形で、三次元的な、まるで動くような現実の人間をキャンバスの上に描き出すことだった。新しい絵画を目指す精神は文学の世界にも流れ込んでゆき、「小説」というジャンルを育くんだ。近代の小説は現実に生きる人間の精神を描き、良心と情欲の葛藤に引き裂かれる人の心を描いた。「小説」は世界を席巻し、いかにも普遍の文学ジャンルとなったように見えた。一昔前、文学と言えばみなすぐに「小説」を思い浮かべたものだった。

しかしこの形式が隆盛を誇ったのは、十九世紀の終わりから、たかだか二十世紀の半ばを頂点にするもので、その後小説は少しずつ衰退していった。レヴィ＝ストロースは『神話と意味』の中で、小説が神話を表舞台から追い出したと書いた。[**] そしてかつて小説が神話に取って

＊『デマの心理学』G・W・オルポート、L・ポストマン、南博訳、岩波書店、四二頁。
＊＊『神話と意味』、レヴィ＝ストロース著、大橋保夫訳、みすず書房、七六頁。

かわったときと同じことが、二十世紀に世界中で起こることになる。現実描写を目指す写実的な小説が、それまで盛んに読まれていた神話や物語を追い出したように、小説の中の現実的で立体的な生きた人物たちは、影を薄くしていった。「現実」と「現実感」は変化し、人はもはや一昔前のようなリアリティを求めないのである。リアリティを描くことに腐心した小説は、近代とともにあり、そして近代の終焉とともに退場していったように見える。

この状況は小説という分野に限らない。演劇にも、他の芸術ジャンルにも、そしてイメージを扱う他の領域にも及んでいる。それは美術の世界観を変え、文学を変え、芸術のあり方を変え、イメージと現実の問題を変えた。現代、「芸術」と言われるものは、もはやかつて求められたリアリティの再現を目指しはしない。私たちのリアリティに対する感覚は大きく変化した。変化した、というよりも、私たちはもはやリアリティという感覚そのものをそれほど欲しないし、リアリティをことさらに現実の中に求めない。いや、考えてみると、リアリティとは現実にあるように描くことなのではなく、現実に見たと思わせるものである。AIは現実よりもイリュージョンに富んだ現実感のある現実さえ提供してくれる。しかしリアリティが抜けて、空いたその穴に入り込んでくるのは、操作されたイメージなのである。

嘘は芸術よりも保守的である。嘘は本物よりもリアルさと強く結びついている。現実感覚は簡単な嘘から入ってくることが大いにあるし、また、何かに酔えば、現実感は簡単に変わる。

現実と思うものが簡単に取り換えられるのである。「酔う」とは、仕掛けの中に入り込んでそこで溺れることである。それは人の心も現実もさらりと書き変えてしまうことになりかねない。

日本と南仏の飲食会やおしゃべり大会を図式的に対比させることはできないけれども、そこにあるのはどちらも、「酔う」ということである。言葉に酔うか、酒にほろ酔いになるかは、それほど離れているわけではない。どちらも相手がそばにいる。嘘は、自分がいて相手がいて、現実の個々の具体的な場がある中で吐《つ》かれる。

しかし、相手の顔が見えづらくなり、声を直接聞くのが少なくなり、それゆえ相手を確認することが難しくなってきているときには、嘘をつかれたという感覚さえよく分からなくなる。そのような中では、感覚と感性による判断をしにくい状況が形成されてしまう。そうした中では嘘は、明確なイメージをすぐに求めたい人を狙って仕掛けてくる。舞台は知らぬ間に準備される。イメージの仕掛け人は、いとも簡単に人の判断を惑わし、人を思いもよらぬ方向に誘導してゆく。

嘘は今、さらに大きな変異の転換点にあるといえるのかもしれない。人はイメージにやすやすと騙される。そして、相手の顔の見えない不透明な状況の中では、嘘のイメージにのみ込まれた人は思考停止に陥るかもしれないという、より深刻な問題が待ち構えている。

エピローグ——声を見るために

南仏の人々は、本物のお芝居に行くのも大好きである。観光シーズンの夏ともなると、市町村の公共施設や広場、そして教会や遺跡の跡、シャトーの貯蔵庫《カーブ》などと、いたるところでコンサートやダンスや演劇の公演がある。

アンリとレイラは、プロヴァンスに居を構えるようになったある夏の夜、日本人の現代舞踊《ビュトー》を見に行った。フランス人は前衛舞踏《コンテンポラリー・ダンス》の「舞踏」のローマ字表記（buto）をそのままフランス語風に読んで、「ビュトー」と呼んでいる。日本の前衛舞踏＝ビュトーはフランスで人気があり評価が高い。アンリたちは評判のビュトー団のチケットをやっとのことで手に入れると、ふたりしていそいそと出かけていった。

プロヴァンスの夏は、昼はくらくらするほど暑いが、夜になると相当冷える。一日の寒暖の差が実に大きい。そしてその年は、まれに見る寒い夏だった。南仏名物のシロッコが吹き荒れ、八月でも冬のコートが必要なほどの異常低温が続く、記録的な冷夏だった。

彼らが出かけたビュトーは、踊り手がほとんど裸で、腰に布をほんの少し巻き付けただけの無言のパフォーマンスだった。踊るというよりも、音楽が流れる中で、身体をひたすらゆっくりと捻って黙々と動かし続けるものだった。そして最後の場面で、水道のホースで踊り手たちに勢いよく水をかける演出が施されていた。

しかし冷夏の夜に水道の水はさすがに冷たかったようだ。裸のダンサーのひとりはつい、「さむっ」と声を漏らしてしまった。声は小さかったが、アンリとレイラは最前席に構えていて、思わず笑った。彼らは少しだけ日本語が分かる。ダンサーは二人が笑ったのを見て、反射的に「え、分かったんですか」と小さく声を上げて、ちらと彼らを見た。アンリたちがさらに笑ったのは言うまでもない。

舞踏家たちは踊ることで表現を目指していた。しかしそこでかけられた水の冷たさは、表現するべき素材である身体を、現実の肉体に戻してしまった。その舞踏団は無言で踊るスタイルなのだけれども、ときに小さく唸り声が出ることもあるので、「さむっ」の一言は、他の観客たちには、パフォーマンスに挟み込まれた声の一部だと受け取られたのだろう。しかしそれは思わず出てしまった本当のことだった。劇の中に突然、生身《なまみ》の人間が顔を出した。しかも「寒い」はフランス語のÇa (me) mouille.（サムイ）とほぼ同じ発音で、「濡れる（私を濡らす）」の意味である。ここではフランス語では、まさに「水に濡れて寒い」の意味になる。ダンサーの声は、一番前の席に陣取っていたアンリとレイラの耳には届いた。突然現れた現実の叫び声と意味との絶妙な一致が彼らには一層おかしかった。そしてそれに反応したダンサーたちの驚きの声は、舞台と実際の現実とのコントラストを、さらにくっきりと浮かび上がらせた。ビュトーという夢の国から現実の世界に連れ戻されたふたりの前に、大真面目に演じられる「嘘」が突如、ぬっと生の顔を出したのである。

お芝居の夢の世界は、酔わされた嘘の中で完結する。おしゃべり会の世界も酔うという点では同じであるけれども、水道の水が掛けられることは、まあない。ありそうになったとしたら、みなで取り繕って、夢の世界を破綻《はたん》させない。おしゃべりの会は集まったすべてのひと《アクター》が非日常の舞台づくりに参加して、場をつくり嘘の世界をつくりだそうと協力するものだからである。

おしゃべり大会は、嘘の、虚《きょ》の世界をつくりだそうとする。しゃべることが大好きな南仏の人たちは、しゃべるために設えられた招待の会という晴れの舞台で、しゃべって自分を主張し、自分を見せて、現実感と充実感を味わいたい。声はたちまち消えてなくなるけれども、だからこそ、その消えてしまう声に託して、彼らは爆発するように語り、自分を輝かせようとする。そもそも「語る」ことは「騙《かた》る」に通じるものだった。そしてこの意味合いは日本語にも、そしてフランス語にも英語にも同じようにある。

とはいえ、「かたる」のかたちは地域によってかなり違っている。南仏のおしゃべり会は、宴《うたげ》の中で群れて共感しあうことに傾きがちな日本人には、どこか違うと感じさせるところがある。この違和感は、おしゃべりで自分を演じ、その場にひとつの演劇的な空間をつくろうとする彼らの「かたり」、あるいは「つくる」ことへの情熱と、落差があるからのように思う。

おしゃべりの会の〈つくりもの性〉ということを、彼らは実によく知っていて、それを巧みに応用してくる。しゃべる声の力を知っているのは、伝統的にレトリックが身近にあって、小さいころからそれを習ってきているからであろう。しかしいくら雄弁であっても、声は消える。こうして、消えてしまう強い情熱の証《あか》しを今に求めようとするとき、彼らは次々と「約束」を言ってくる。いや、洋の東西を問わず、人は強い想いがあれば、それを未来の時間に転化させようとする。たとえば強い愛情を表現したいとき、人は、「いつまでもあなたを愛します」などと言う。しかしそれにしても、南仏で未来型の約束が多いのは、未来へ向けて気持ちを発信することが、ある程度スタンダードになっているからのように思われる。それが南仏でのおしゃべりの場での約束事となっているのだろう。「まえがき」で触れた博学の哲学青年は、東京での学会発表について何も連絡してこなかったけれども、そのときの彼に、嘘をつこうという悪気などなかったのだろう。彼はただ約束事に従って熱心に語っていただけであろう。彼は徹底的に舞台の役者《アクター》だったわけである。

日本人は昔からしゃべる代わりに、声を出して歌をうたってきた。歌に寄せて本音を吐露してきた。それもまた、大げさな表現という形の嘘を吐くことであった。しゃべるにせよ歌うにせよ、声は現在の、この生きているものの中でこそ命をつなぐ。声は、いま・ここでしか生きられない。そこでは、現在と関係のない記憶や関係のなくなった記憶は捨て去られてゆく。未来への約束もまた同じものなのである。

声の文化の中では、溢れ出る感情は、未来への投射の形を借りて、眼前の相手に投げかけられる。おしゃべりの会で乱発される約束は、希望としての推量である。歌は想いを何かに託して外に出す。想いは歌の中で完結する。一方、おしゃべりの会のおしゃべりでは、人は目の前にいる話し相手に今の興奮を、未来という時間軸に転嫁して口にする。それはしゃべるという、今だけがある中では、お定まりの方程式であるのかもしれない。

南仏人のおしゃべり会での約束は、現実生活の中では少し値引きして考えておいた方がよい。そこにあるのは嘘ではなくて、おしゃべりの会という、みなが陶酔し高揚する中の、非日常という別次元において切られた約束手形であって、それは現実に引き戻されたときには、もはや通用しないことがあるかもしれないからである。

もっともこのようなことは南仏のおしゃべり会だけのことではない。日本でも別れる際には「また今度ね」というだろうし、転居通知には、「近くにお越しのときは是非お立ち寄りください」と書く。これはどこにでもあるお決まりの儀礼で、嘘とは言えない。けれども南仏でそうした類の「嘘」が他処よりも多く使われるように思われるとすれば、それは、南仏とはいろいろなところから人々がやってくる解放的な土地で、非日常性という要素をすでに色濃くもっているからである。そうした場では、日常の空間からかけ離れた、夢色のスペクタクルがつくられやすい。

＊

観劇の場内では、そこにいる人全員が舞台づくりの当事者で、演劇が要求してくる約束事の世界をともに生きる。この世界のつくりもの性は、外側から眺めるのでなければ、見えてはこない。アンリとレイラは、観に行ったビュトーで、はからずも「さむっ」を聞いた。ダンサーの「さむっ」の一声は彼らに、現実の世界と虚の世界という約束事のからくり世界を外から見せた。同時に舞台のダンサーたちもまた、水の冷たさとアンリたちの笑いに、一瞬だけ舞台の外に放り出され、思わず二つの次元を見たことであろう。本来ならばそれは、見なかったとすることでパフォーマンスが成立する。ところが水はあまりに冷たすぎて、身体の方が反応してしまった。しかしときには、この「さむっ」のような声を意識的につくり出してそれに耳を澄ますことが、大きな嘘に対処するために、必要になってくるのではないかと思う。

舞台のただ中にいる人は、徹底的にその世界にいる。谷崎潤一郎の語った平中の話は、私たちは読み手として読むから面白いけれども、平中や国経その人にとっては、仕組まれた陥穽はどれほど非情なものだったろう。平中は嘘で命を落とし、国経《くにつね》は愛する人から引き裂かれるという苦しみに耐えなればならなかった。しかし私たち読者はその嘘を外側から見ているがゆえに、それをひたすら面白いと思って読む。

だからこそ気をつけなければならない。嘘は知らないうちにアハハと笑っている自分の上に仕掛けられて、恐ろしい害を被ることがある。あるいはその反対に、知らないうちに嘘をついていて、気づかぬうちに人を傷つけ、そのつもりでないのに、相手に残酷な仕打ちを与えていた、ということがある。演劇を見に劇場に脚を運ぶときの私たちは、ドラマの中の事件が嘘であると承知した上で、舞台の約束事としての嘘を見ないでいる。しかし本当に身にふりかかる現実の嘘に気がつかないことと、演劇上の約束事をないものとみなすこととは違う。現実の中で仕掛けに気づかないとき、人は嘘の被害者になるとか、あるいは逆に、当事者に転じることになる。嘘は先を見こせない恐ろしさを隠し持っている。嘘を操り、デマの構造に精通している人が、大勢の人をいとも簡単に自分の思う方向に操作してゆくことがあることを忘れてはならない。

人は嘘という語に対して本能的に拒絶反応をする。嘘にマイナスのイメージをもつ。しかし同じように嘘による世界であっても、芸術のつく嘘には肯定的である。

芸術作品に対して、鑑賞者はおとなしく見るという態度を取ってきている。芸術の嘘は受動的で、私たちに静かに訴えかける。しかし「嘘をつく」という場合の本家の嘘は、言葉にしてゆくという点で常に積極的に行動する、能動的で、動的なものである。

もっとも、今でこそ一般的とされているこの考え方は、ヨーロッパの啓蒙主義の時代に確立したところが大きい。芸術作品とは、距離をもって、客体として見る対象だった。主体である私たちは、こうして観賞することで、対象である作品を美しいと思ったり、崇高だと感じたりする。カントは『判断力批判』において、〈美しい〉とは何かを論じる一方で、倫理と道徳について体系的に考察し、嘘について論じ、嘘を厳しく断罪した。現代人がもっている、嘘についての考え方も、芸術に対する考え方も、実は同じ頃にできあがっているのである。

しかし昨今、芸術の見方は変わりつつある。これまでとりわけ現代美術は、難しくて、わけの分からない、衒学的な遊びだ、というふうに考えるのが通り相場だった。それが次第に変化して、参加型の展覧会が増えてきている。所蔵品の豊かな美術館を巡礼してまわるという美術鑑賞の定番の色合いが薄まり、鑑賞の間口が広くなり、陳列された作品に直接触れて戯れて面白がらせるものが多くなっている。造形芸術は今や、ただ前に立って静かに「見る」だけのものではない。作品の展示方法自体が変わってきて、どこからどこまでが展覧会なのか分からないスタイルや、そもそも作品展示という概念が成り立たない美術展が急増している。オブジェを置いて、さあどうぞ中に入って触って遊んでください、というわけである。そこでは人間が参加しないことには、作品は作品とならないわけだから、「芸術家はつくる人、観客は受け入れる人」という分け方は、ここでは成り立たない。古典的な芸術の鑑賞観が急速に変化してきているのである。*

参加型の鑑賞は、作品を見て聞いて直接触れて確かめることを楽しむ点で、芸術の次の広がりを見せてくれる。と同時にこれは、恐ろしい嘘に対する対処の仕方を教えてくれているように見える。遠くから受け身で見るだけでなく、寄って触って確かめて、知るわけである。

嘘もまた姿を変えてゆきつつある。芸術が変わり、それを見る観客のスタイルが変貌を遂げつつあるように、嘘のつき方も変化している。嘘は注意しないとタチが悪い。「嘘をつく」ことは、場合によって実に恐ろしいものとなる。受動的であることが、場合によっては悪になる。嘘は伝達方法の変革とともに、さらに変異を続けるであろう。とはいえ、嘘の否定的な側面を嫌って、嘘について考えることをやめるのは、さらに恐ろしいことになる。嘘は、過去の事実を隠蔽し、そのイメージを書き換え、とても叶えられないと分かる期待を人に抱かせ、百害を与えかねない。リアリティの感覚が変化してきている私たちの時代においては、イメージは現実以上に現実的で、嘘はそのことを巧みに操作してゆくことを忘れてはならない。

嘘は冗談とユーモアで人を笑わせ喜ばせる。笑いを誘う話や芸にはたいてい嘘が関与している。芸術はどれだけ嘘の力に負ってきたことであろう。しかしそうした笑いや芸術作品の傍らで、嘘は不気味に変わることがある。うっかりしていると、嘘はどんどん大きく強く成長してゆき、どうにもならない獰猛なものとなる。人はそこで落胆し、絶望してしまう。想像力がなくなるとき、人は判断を人任せにしてしまう。こうして、嘘も嘘でないことも、真実も欺瞞も、ついには分からなくなってゆく。

大きな嘘の被害を避けるためには、嘘という抽象名詞をではなく、具体的な嘘の一つひとつを、その変化の中で見て捉えようとする、柔軟な感性のベクトルをもつことが必要であろう。ビュトーの水道水のような偶然が、都合のよいときに起こることはない。しかしそれとなく構え方を変えることで、そしていつもと違うメンバーと語り合うことで、見落としていたことに気づく部分は少なくないと思う。嘘は常に変貌してゆくもので、固定的ではない。情報手段のあふれる中では、嘘はいよいよ変幻の幅を大きくするであろう。大きな嘘は、私たちがものを見る視点を固めて動かさなくしたときに、最も強い力を発動してくるように思われる。情報の過多が、逆に人を閉塞させる。

嘘の恐ろしさは、人を思考停止にさせてしまうことである。嘘はいったん恐ろしいかたちに

＊『美学への招待　増補版』、佐々木健一、中公新書、「第八章　あなたは現代派？　それとも伝統派？」を参照。

なったとき、虚や偽善と芸術、現実と非現実との線引きの問題など、排除してしまう。嘘はもっともっと考えるべきテーマなのだろう。芸術を論じることは胸を張って堂々と行われるけれども、嘘を論じるのには、芸術を語るときの居心地の良さを味わえない。芸術を語ることが正々堂々とした市民権を得ている一方で、嘘を正面切って語られることは多いとは言えない。

嘘が衰退することの危うさを語った人は少なくなかった。けれども嘘の論議の貧困化はさらに危険なことである。嘘を知らなくては、嘘に惑わされることになる。それに、嘘をじっくり考えないことは、かなりもったいないことのようにも思われる。

あとがき

私が人生で最初に訪問し、しばし滞在したヨーロッパの国はベルギーだった。フランダースの犬で有名な大聖堂のあるアントウェルペン（英語式に言えばアントワープ）に、古い知り合いを訪ねるためだった。四十数年前の九月半ばのことである。日本を発つときには夏服だったが、着いた北の国では、どこの家庭でももう暖房が入っていた。

滞在中、イメッケという愛称の女性の自宅に招かれた。食卓にはこの地方の家庭料理が次から次へと並んでいった。彼女は遠い日本からの客人にと、ベルギー人が寒い季節によくつくる「リ・オ・レ」をデザートに出してくれた。「リ」は米のことで「レ」は牛乳のことだから、リ・オ・レは、砂糖と牛乳で煮つめて、そこにふんだんに香料を入れた硬めの牛乳粥である。イメッケは「日本人は米が好きだから」と、張り切ってこれをつくってくれたのだった。

今でこそ日本でも米と牛乳を使った洋風スイーツはいろいろと出回っている。しかし当時の私は、目の前に出された甘いごはんに愕然《がくぜん》とした。それまでお米というものは、日本式に炊く以外、口にしたことがない。砂糖がたっぷりで、濃厚な香料が漂う牛乳ごはんなど、想像だにしなかった。ところがイメッケは、リ・オ・レをたっぷりと私の皿に盛りつけると、満面の笑みとともに、さらにもうひと匙《さじ》足してくれた。

私は本当に卒倒しかけた。私に限らず、米に関して日本人はかなり保守的なのではないかと思う。ごはんは白い粘りのあるのがいい。しかし目の前にあるのは、歯が溶けるほど甘い、しかも独特の香料が脳天を直撃する牛乳粥だった。

しかし「お米の国」からの客のためにと、あれこれ知恵を絞った末に選んだに違いないお手製デザートを、どうやって断ることなどできよう。私は苦しさで涙が溢れるのを、美味しすぎて感激しているのよと言いながら、噛まずに呑んだ。今でもアントウェルペンというと、小雪の舞う中に凛とした佇まいを見せる美しい駅舎とともに、イメッケのリ・オ・レがありありとよみがえってくる。

嘘論の構想は、このリ・オ・レを食べたときから始まっている。アントウェルペン訪問の数年後、私は都市こそ違え、ベルギーに留学することになった。そこでの体験や、さらにその後、どういうわけかでき上がっていった南フランスとの奇妙な縁をもとに、様々な土地で出会った人たちとのおしゃべりをパズルのように当てはめていった。どの土地に行っても感じたことだが、彼らのおしゃべりは実に巧みで面白い。ときところは違っても同じように舌を巻いた。土地柄が違うとおしゃべりにも微妙な違いはあるけれども、そこには何か共通点がある。芝居がかったところと、空手形の多さである。そうした彼らのおしゃべりの技と面白さと、そしてたいていは絶対にかなうとは思えられないのに交わす約束が、一体どこから来るのか知りたいと思った。

味覚がそうであるけれども、おしゃべりやおしゃべりの仕方には、その土地と深い関係がある。それを「嘘をつく」ことと絡めてまとめていったのが、この小著である。ただし、書くスタイルは前著とかなり変えた。それには理由がある。

私は名古屋の高校に通っていた。当時の高校生は今よりも小説を読むことがずっと多かったと思う。私も他の生徒にならって学校の図書室に行っては、ずらりと並ぶ深緑の背表紙の「世界文学全集」を一冊一冊、借りた。しかしいつも決まって、本筋とは別のところに興味が逸れた。それらをあれやこれやと考えてゆくので、読書の方はさっぱり進まなかった。

実は、高校時代の私は「現代国語」が大の苦手だった。同じクラスに現国が大得意という友人がいた。その友人に拙著『日本人とリズム感』（青土社）を読んでもらった。ところが彼女は、数十年経た今も高校時代と全く変わらないあの名古屋弁のイントネーションで、語の後ろに思いっきりアクセントを置きながら、「むっつかしかったわぁ」と言ったのだった。

それでは困る。あの本は、できれば寝っころがって、せんべいでもぽりぽりかじりながら読んでいただく、というあたりを目指して書いたものだった。ところがかつての現国優等生が「むっつかしかったわぁ」と言うのであれば、これは私にとってオオゴトである。

そうわけで、今回はとにかく分かりやすくを目指し、専門的な用語をできる限り使わないようにした。その代わりにエピソードを多く入れた。後半、ほんの少しだけ、難しくなったかもしれないと思うけれども、笑いながら読んでいただけるところがあるとしたら、これに勝る喜びはない。

*

本来なら、このあとすぐに謝辞を入れて、「あとがき」は終わりになるはずだった。ところが、年が明けたころから、世界は恐ろしい事態に突入していった。本文はそのころ、ほぼまとめ終えていた。今読み返すと、ここに書いたような、のんびりと会食し、口角泡を飛ばしあいながらおしゃべりをして、笑い、肩を抱き合って楽しむ日常が、果たして戻ってくるのだろうかと勘ぐってしまう。世の中が落ち着いたとしても、その姿は以前とは違うものとなるのだろう。しかしそうすると、ここに書いたおしゃべりの会など、ただのノスタルジーにすぎないということになるかもしれない。

いや、そうではないと思う。このような中でも、人が人とつながりをもとうとする気持ちは案外変わらなくて、それどころか、むしろ一層強く大きくなるのだろうと思う。こうしたときこそ、人は人との交流を渇望し、人を恋しく思うからである。

ただし、こうした中でのおしゃべりには、注意が必要である。変化と不安の中にあるとき、私たちは、何が嘘であるのか何が本当であるのか、分からなくなる。嘘に惑わされて、どこかわけの分からないところに向かうのではないかと、内心動揺する。人との交流を強く求めながらも、不安の中にいると、人は嘘に惑わされやすい。しかしだからこそ、今、人がなぜ嘘をつくのかを考えることは、意義があることではないかと思う。私たちは生きて人と交流をするかぎり、人と対話をする。おしゃべりをする。そしてそれは嘘とつきあうことでもある。

他方、意図をもって人を騙して、嘘をつこうとする人がいる。かたりをする人間は、実は大変な努力をしているのだろう。周到に用意された嘘に対処する妙案は、なかなか見つからない。嘘はそれぞれみな特殊だからである。私たちはその場その場で特殊な嘘を判断し、処していかなければならない。

パスカルは「われわれは理性によってのみではなく、心によって真実を知る」と言った。嘘を見抜き、大きな嘘から逃れるためには、嘘の影におびえているのではなく、まずは柔軟な感性をもってものごとを見て、それを知ることなのだろう。そのためには、様々な人と語り合いながら、嘘について考えるのがよいのではないかと思う。

＊

本著も、青土社の菱沼達也氏に、並々ならないお力添えをいただいた。丁寧でエッジの効いた本づくりは、上質の魔法を見ているようで、つくづく目を見張った。また、友人で歌人の天草季紅さんには、紆余も曲折も構わず突進して行きかねない私に、冷静マークの羅針盤を設置していただいた。お二人に心からの感謝の言葉を捧げたい。

二〇二〇年七月　クチナシの香る中で

樋口桂子

参考のための文献

（本書にとくに関連があり入手しやすいものに限定。便宜を図り、著者名の後に生没年を付記した。）

・アウグスティヌス（354-430）服部英次郎訳「嘘をつくことについて」、「嘘をつくことに反対する」『告白』岩波文庫

・ミシェル・ド・モンテーニュ（1533-1592）原二郎訳「嘘つきについて」『エセー』第1巻第9章、「嘘をつくこと」『エセー』第2巻第18章　岩波文庫

・ジャン＝ジャック・ルソー（1712-1778）今野一雄訳『孤独な散歩者の夢想』岩波文庫

・エマニュエル・カント（1724-1804）渋谷治美訳「人間愛から嘘をつく権利と称されるものについて」『カント全集15』岩波書店、中山元訳『道徳的形而上学の基礎づけ』光文社古典新訳文庫

・オスカー・ワイルド（1854-1900）西村孝次訳「嘘の衰退」『オスカー・ワイルド全集4』青土社

・ルイス・フロイス（1532-1597）岡田章雄訳『ヨーロッパ文化と日本文化』岩波文庫

・ラザフォード・オールコック（1809-1897）山口光朔訳『大君の都』岩波文庫

・タウゼント・ハリス（1854-1900）坂田精一訳『日本滞在記』岩波文庫
・ジークムント・フロイト（1856-1936）福田覚訳「子供のついた二つの嘘」『フロイト全集13』、岩波書店
・柳田国男（1875-1962）『不幸なる芸術・笑いの本願』岩波文庫
・折口信夫（1887-1913）「文学に於ける虚構」『折口信夫全集　第29巻』中央公論新社
・ハンナ・アーレント（1906-1975）山田正行訳『暴力について』みすず書房
・ウォルター・J・オング（1912-2003）桜井直文他訳『声の文化と文字の文化』藤原書店
・ジャック・デリダ（1930-2004）西山雄二訳『嘘の歴史　序説』未来社
・ティム・インゴルド（1948-）工藤晋訳『ラインズ――線の文化史』左右社
・東京大学教養学部・国文・漢文学部会『古典日本語の世界』東京大学出版会
・仲正昌樹『悪と全体主義』NHK出版新書
・G・W・オルポート（1897-1967）、L・ポストマン（1918-2004）南博訳『デマの心理学』岩波書店

＊「嘘」の字体は書名の一部を除いて、原則として正字の「噓」ではなく、略字体の「嘘」に統一した。

著者　樋口桂子（ひぐち・けいこ）
名古屋大学文学部卒業。東京芸術大学大学院美術研究科修士課程修了、同博士後期課程満期退学。同大学常勤助手。大東文化大学国際関係学部助教授を経て 2020 年 3 月まで同教授。著書に『イソップのレトリック——メタファーからメトニミーへ』(勁草書房)、『メトニミーの近代』(三元社)、『日本人とリズム感——「拍」をめぐる日本文化論』(青土社)、訳書にグループμ著『一般修辞学』(共訳、大修館書店)、Ch・メッツ著『エッセ・セミオティック』(勁草書房)、その他。専攻は美学。

おしゃべりと嘘

「かたり」をめぐる文化論

2020 年 9 月 5 日　第 1 刷印刷
2020 年 9 月 25 日　第 1 刷発行

著者——樋口桂子

発行人——清水一人
発行所——青土社
〒 101-0051　東京都千代田区神田神保町 1-29　市瀬ビル
［電話］03-3291-9831（編集）　03-3294-7829（営業）
［振替］00190-7-192955

印刷・製本——シナノ印刷

装幀——水戸部功

ISBN978-4-7917-7309-1　C0030